Attitudes à l'égard de l'intégra

Kris Ward

Attitudes à l'égard de l'intégration des élèves atteints de troubles du spectre autistique

ScienciaScripts

Imprint

Any brand names and product names mentioned in this book are subject to trademark, brand or patent protection and are trademarks or registered trademarks of their respective holders. The use of brand names, product names, common names, trade names, product descriptions etc. even without a particular marking in this work is in no way to be construed to mean that such names may be regarded as unrestricted in respect of trademark and brand protection legislation and could thus be used by anyone.

Cover image: www.ingimage.com

This book is a translation from the original published under ISBN 978-3-659-85113-1.

Publisher:
Sciencia Scripts
is a trademark of
Dodo Books Indian Ocean Ltd. and OmniScriptum S.R.L publishing group

120 High Road, East Finchley, London, N2 9ED, United Kingdom
Str. Armeneasca 28/1, office 1, Chisinau MD-2012, Republic of Moldova, Europe

ISBN: 978-620-3-59010-4

Copyright © Kris Ward
Copyright © 2024 Dodo Books Indian Ocean Ltd. and OmniScriptum S.R.L publishing group

TABLE DES MATIÈRES

CHAPITRE 1 2
CHAPITRE 2 8
CHAPITRE 3 27
CHAPITRE 4 36
CHAPITRE 5 47
Annexes 55
Références 61

CHAPITRE 1

Introduction

Nature du problème

Les enfants autistes sont scolarisés dans des établissements d'enseignement général à une fréquence jamais atteinte dans l'histoire (Park, Chitiyo, & Choi, 2010). L'afflux d'enfants dans les établissements d'enseignement général est principalement dû à la loi sur l'éducation des personnes handicapées (Individuals with Disabilities Education Act, IDEA, 1994), qui exige que les élèves soient éduqués avec des pairs non handicapés dans la mesure du possible. Cependant, les élèves autistes posent des problèmes spécifiques aux enseignants qui n'ont pas été suffisamment préparés ou formés pour répondre aux exigences d'apprentissage uniques d'un élève souffrant de tels troubles. Le manque de formation peut avoir un impact sur le sentiment d'efficacité personnelle d'un enseignant lorsqu'il s'agit d'atteindre des élèves autistes ou souffrant d'autres troubles du développement. Il ne fait aucun doute que le manque d'efficacité personnelle dans l'éducation d'un enfant autiste peut avoir un impact significatif sur l'attitude de l'enseignant à l'égard de l'élève. On croit que " l'attitude de l'enseignant peut avoir une influence directe sur la réussite de l'intégration des enfants handicapés " (Combs, Elliott et Whipple, 2010, p. 114).

Les enseignants en formation initiale représentent l'avenir des éducateurs des écoles publiques et privées. Les populations d'enseignants en formation initiale comprennent les étudiants qui ont déclaré une spécialisation en éducation dans un collège ou une université et qui apprennent à devenir des enseignants généralistes ou spécialisés. L'objectif d'un programme de formation universitaire est de donner à l'apprenant plusieurs occasions d'expérimenter tout ce qui est nécessaire pour être un enseignant efficace, y compris la possibilité de travailler avec des enfants handicapés. Malheureusement, les cours spécifiques aux handicaps se limitent généralement à un seul cours sur les anomalies. Historiquement, chaque semaine, le cours se concentre sur l'une des 13 étiquettes catégorielles requises pour le soutien et les services d'éducation spéciale. En outre, la plupart des universités exigent des étudiants qu'ils participent à des travaux de cours, avec des expériences sur le terrain liées à leur spécialité, avant leur dernier semestre d'études, au cours duquel ils s'engagent dans un semestre d'enseignement stagiaire. Le stage d'enseignement est un semestre intense au cours duquel les étudiants mettent en pratique une grande partie de ce qu'ils ont appris au cours des dernières années d'études dans des classes de l'enseignement public sous la direction de superviseurs de terrain. Le terrain

Les expériences et les stages d'enseignement sont déterminés par les spécialités déclarées par les étudiants. À ce stade de leurs études, les étudiants se sont forgé une opinion sur de nombreuses questions sociales et éducatives auxquelles ils s'attendent à être confrontés une fois leurs études terminées, y compris l'éducation des élèves atteints d'autisme et d'autres troubles du développement. Parfois, les opinions se forment sur la base d'une expérience directe avec une personne handicapée, qui est généralisée à l'ensemble de la population. D'autres opinions se forment simplement par ignorance des handicaps. Un problème se pose lorsque les opinions sur l'enseignement aux élèves atteints d'autisme et de troubles du développement affectent l'auto-efficacité d'une personne quant à sa capacité à enseigner efficacement à l'élève handicapé (Gibson & Dembo, 1984). Les opinions et les attitudes des enseignants en formation initiale doivent être examinées à la lumière de l'expérience minimale qu'ils ont acquise au cours de leur formation initiale et du perfectionnement professionnel qui leur a été offert par la suite.

Contexte et importance du problème

Les troubles du spectre autistique (TSA) sont des troubles neurodéveloppementaux souvent qualifiés de "triade de déficiences" (Wing, 1997) qui touchent trois domaines principaux : les comportements stéréotypés, les déficits de communication et les déficiences sociales. L'Académie américaine de pédiatrie indique qu'un enfant sur 91 âgé de 3 à 17 ans fait partie du spectre autistique (Kogen et al., 2009). En 2007, les Centers for Disease Control (CDC) ont estimé la prévalence de l'autisme à une personne sur 150, soit environ 0,75 % de la population. Plus récemment, l'American Journal of Psychiatry a publié une étude citant la prévalence de l'autisme à 2,64 % de la population (Kim et al., 2011). L'augmentation du nombre d'enfants atteints de TSA s'accompagne d'une augmentation du nombre d'enfants bénéficiant d'un enseignement spécialisé dans les écoles publiques du pays (Odom, Brown, Frey, Karasu, Smith-Canter, & Strain, 2003).

Le Texas suit les tendances nationales, comme l'indiquent les données récentes diffusées par l'Agence de l'éducation du Texas (TEA). En 2010, le Texas comptait 29 536 enfants dont le handicap principal était l'autisme. Parmi eux, 11 704 enfants étaient dans des classes autonomes, ce qui signifie que plus de 50 % de leur journée se déroulait dans un environnement plus restrictif . L'environnement restrictif fait référence à l'accessibilité d'un élève à ses pairs non handicapés. Dans cet exemple, la population indiquée passe plus de 50 % de la journée scolaire avec des élèves souffrant de handicaps divers plutôt qu'avec des camarades non handicapés. Ce chiffre est à comparer aux 10 346 enfants accueillis dans une classe ressource pendant moins de 3 heures par jour, et aux 5 082 enfants accueillis dans un cadre d'enseignement général (TEA, 2011). Neuf ans plus tôt, en 2001, la TEA a recensé 7 156 enfants atteints d'une déficience primaire d'autisme. Parmi ces enfants, 4 099 étaient accueillis dans des classes autonomes, 1 861 dans des classes ressources et 515 dans des classes d'enseignement général. Le nombre d'enfants participant à des programmes d'inclusion et de ressources en 2008 représente une augmentation de 78 % du nombre d'enfants autistes dans les classes d'enseignement général par rapport aux rapports de 2001.

L'augmentation marquée de la participation à l'enseignement général est principalement due à la loi publique 94-142, désormais connue sous le nom d'Individuals with Disabilities Education Act (IDEA) (loi sur l'éducation des personnes handicapées). Cette loi stipule que

dans toute la mesure du possible, les enfants handicapés, y compris les enfants placés dans des institutions publiques et privées ou dans d'autres établissements de soins, sont éduqués avec les enfants qui ne sont pas handicapés, et que les classes spéciales, la scolarisation séparée ou tout autre retrait des enfants handicapés de l'environnement éducatif normal n'ont lieu que lorsque la nature ou la gravité du handicap est telle que l'éducation dans les classes normales avec l'utilisation d'aides et de services supplémentaires ne peut être réalisée de manière satisfaisante (P.L. 94-142, section 1412 [5] [B]).

Les exigences de l'IDEA stipulent que les enfants handicapés doivent être accueillis dans l'environnement le moins restrictif possible, où les élèves ont le plus grand accès au programme d'études de l'année scolaire, dispensé par des enseignants spécialisés utilisant des stratégies fondées sur la science (Odom et. al, 2003). Cette pratique est souvent appelée "inclusion". L'inclusion permet d'établir des relations avec les pairs et favorise le développement émotionnel, social et cognitif. Elle est attestée dans la plupart des pays développés (Yianni-Coudurier et. al., 2008).

Malgré les avantages connus et la pratique répandue de l'inclusion, les enseignants expriment de grandes inquiétudes quant à l'intégration des élèves handicapés (Jull, 2006). Certains enseignants remettent en question le développement des enfants handicapés dans un cadre d'enseignement général (Yianni-Coudurier et al., 2008). Les enseignants de toutes les matières et de tous les contenus font état d'un sentiment d'inadéquation à l'égard de l'enseignement aux élèves handicapés et éprouvent de la frustration, tout comme l'élève et sa famille. Les enseignants ressentent de l'appréhension et des inquiétudes au sein de la communauté scolaire concernant l'intégration des élèves handicapés dans les classes d'enseignement général (Harding, 2009). Une enquête menée par Agbenyega (2007) a révélé trois thèmes liés à l'intégration des élèves handicapés dans la classe ordinaire. Le premier thème concernait une croyance générale sur l'inclusion. Les résultats indiquent que les enseignants ne pensent pas que les élèves souffrant de déficiences sensorielles et d'autres handicaps ont leur place dans le cadre scolaire ordinaire. Un participant a déclaré : "Avec les élèves habituels, il n'est pas nécessaire de perdre trop de temps à les soutenir et à les guider... nous ne pensons pas que cela va fonctionner. Il vaut mieux qu'ils restent dans les écoles spécialisées" (Agbenyega, 2007, p. 51). Le deuxième thème abordé concerne les questions professionnelles. Les enseignants ne pensent pas posséder les connaissances et les compétences nécessaires pour enseigner de manière adéquate aux élèves handicapés. L'un d'entre eux a déclaré : "Comment les décideurs attendent-ils de nous que nous travaillions avec des élèves pour lesquels nous n'avons pas été formés ? (Agbenyega, 2007, p. 51). Le troisième thème concerne les questions de ressources, notamment les problèmes d'espace, d'accessibilité et de pénurie de matériel.

La myriade de préoccupations exprimées par les enseignants concernant l'inclusion des élèves autistes dans une classe d'enseignement général influe sans aucun doute sur l'attitude de l'enseignant. Harding (2009) a étudié les attitudes des enseignants vis-à-vis de l'inclusion et a identifié quatre attitudes ayant un impact direct sur la façon dont l'enseignant réagirait à l'élève et l'accepterait dans sa classe. Ces attitudes sont l'attachement, l'inquiétude, l'indifférence et le rejet, défini comme une absence de volonté. La perception qu'a l'enseignant de la capacité des enfants à contrôler leur propre comportement détermine l'attitude qu'il adopte et sa volonté d'accepter un enfant comme membre de la classe. Rose et Smith (1992) rapportent que 57,9 % des personnes interrogées dans le cadre d'une enquête nationale ont indiqué que les attitudes et les valeurs constituaient un "frein ou une interdiction" (p. 6) au placement d'enfants handicapés d'âge préscolaire dans une classe d'enseignement général. Dans l'enquête, les attitudes médiocres se classent en deuxième position après la formation du personnel et les normes. Avramidis, Bayliss et Burden (2000) ont enquêté sur auprès d'enseignants expérimentés et ont découvert plusieurs facteurs influençant les attitudes des enseignants, notamment la confiance en soi et la formation professionnelle. Les enseignants qui avaient une plus grande confiance en leurs compétences et ceux qui avaient reçu une formation initiale ou continue importante avaient une attitude plus positive à l'égard de l'inclusion. Il est clair que la formation antérieure d'un enseignant et ses préoccupations concernant les élèves handicapés dans la salle de classe peuvent avoir un impact sur la qualité de l'éducation qu'un élève reçoit (Agbenyega, 2007).

Énoncé du problème

L'un des facteurs influençant l'attitude des enseignants est le développement professionnel et la formation. Le problème général est que les enseignants en formation qui sont certifiés pour enseigner dans des classes d'enseignement général n'ont qu'une expérience minimale du travail avec des enfants handicapés, en particulier des enfants autistes. Le problème spécifique est que, malgré l'expérience limitée des enseignants en formation, des attitudes et des croyances sur leurs capacités à enseigner aux enfants autistes se sont formées. La présente étude se penchera sur les préoccupations concernant l'attitude des enseignants généralistes en formation qui doivent intégrer efficacement les élèves autistes dans le cadre de l'enseignement général, non seulement pour satisfaire à une exigence, mais aussi en tant que membres participants ayant des exigences et des attentes en matière d'éducation. Cette étude a évalué l'attitude des enseignants en formation initiale à l'égard de l'intégration des enfants handicapés, en particulier des autistes, dans une classe d'enseignement général, avant et après une formation professionnelle ciblée sur les troubles du spectre autistique.

Question de recherche

La question de recherche suivante a été examinée : Les moyennes de groupe des attitudes des enseignants en formation initiale s'améliorent-elles à la suite d'un développement professionnel ciblé sur l'inclusion des élèves autistes ?

Glossaire

- Troubles du spectre autistique - (TSA), un groupe de troubles du développement qui partagent des similitudes sociales, communicatives et comportementales stéréotypées et ritualisées, variant en âge d'apparition et en gravité des symptômes (McLeskey, et al., 2010, p 441).

- Hautement qualifiés - ils doivent être titulaires d'une licence au minimum, être pleinement certifiés pour enseigner au Texas et faire preuve de compétences dans leur matière principale.

- Inclusion - Les élèves handicapés sont valorisés et inclus dans la communauté scolaire. Les élèves handicapés sont des membres actifs dans les aspects académiques et sociaux de la classe d'enseignement général.

- Individuals with Disabilities Education Act (IDEA) - loi fédérale qui garantit à tous les enfants et adolescents handicapés le droit à une éducation publique gratuite et appropriée.

- Environnement le moins restrictif possible - exigence de l'IDEA concernant le placement des élèves en difficulté. Les établissements d'enseignement général doivent être pris en compte et les élèves handicapés doivent être éduqués avec des camarades non handicapés dans toute la mesure du possible.

- No Child Left Behind - législation fédérale imposant aux États d'évaluer les performances des élèves en mathématiques, en lecture et en sciences ; de prévoir des enseignants hautement qualifiés ; d'offrir le choix de l'école publique aux élèves fréquentant des écoles qui ne respectent pas les lignes directrices fédérales en matière de progrès annuels adéquats.

• Salle de classe ressource - Salle de classe séparée dans laquelle les élèves bénéficiant de services d'éducation spéciale peuvent recevoir un enseignement pendant une partie de la journée scolaire.

• Classe autonome - Classe séparée dans laquelle les élèves présentant des handicaps plus importants reçoivent un enseignement pendant la majeure partie ou la totalité de la journée scolaire.

• Texas Essential Knowledge and Skills (TEKS) - Programme d'études imposé par l'État du Texas.

CHAPITRE 2

Revue de la littérature

L'analyse documentaire qui suit porte sur les recherches menées dans le domaine de l'éducation concernant les attitudes des enseignants en formation à l'égard de l'intégration des élèves atteints d'autisme et de troubles du développement dans les classes d'enseignement général. En outre, les attitudes des enseignants en exercice qui se sont déjà forgé une opinion sur l'intégration des enfants autistes dans les classes d'enseignement général ont été examinées. L'étude s'est appuyée sur les concepts d'auto-efficacité de Bandura comme cadre théorique. Les recherches sur l'auto-efficacité des enseignants en poste et en formation initiale ont été passées en revue. Une discussion approfondie sur l'inclusion, y compris l'évolution historique de l'inclusion et les avantages de l'inclusion, suivra. Les attitudes des enseignants en fonction et en formation initiale à l'égard de l'inclusion ont été incluses dans l'analyse. L'inclusion concerne des élèves présentant de nombreux handicaps, mais cette étude porte spécifiquement sur les troubles du spectre autistique (TSA). À ce titre, une revue de la littérature sur l'autisme a été effectuée. Enfin, le rôle du développement professionnel ciblé dans la mesure où il influe sur l'auto-efficacité des enseignants en formation a conclu l'analyse documentaire.

Cadre théorique

La théorie sociale cognitive de Bandura

Bandura a commencé à élaborer sa théorie à la fin des années 1950 avec la publication de Adolescent Aggression (Bandura & Walters, 1959). Le cadre de la théorie de l'apprentissage social était alors centré sur les principes des théories psychanalytiques et de l'apprentissage (Grusec, 1992). Le deuxième livre de Bandura a rapidement exclu l'influence des idées psychanalytiques et s'est orienté vers un concept plus comportemental. Bien que le behaviorisme ait effectivement influencé la théorie de l'apprentissage social, Bandura a refusé de s'appuyer sur le conditionnement pour modifier les comportements et a mis davantage l'accent sur le rôle de la modélisation, en intégrant des concepts de traitement de l'information dans la formation de la théorie. Le rôle de l'imitation et le processus de cognition ont tellement influencé la théorie qu'en 1980, Bandura a rebaptisé la théorie de l'apprentissage social en théorie sociale cognitive. L'imitation est devenue le thème central de la théorie ( ). Bandura a reconnu qu'un nouveau comportement ne se produisait pas toujours en présence du modèle. Le renforcement ne pouvait donc pas servir d'explication au changement de comportement. Le principal principe de la théorie sociale cognitive repose sur la manière dont les êtres humains traitent cognitivement les situations sociales et modifient à leur tour leurs comportements personnels en fonction de l'expérience sociale (Bandura, 1977b).

À la fin des années 1970, Bandura a commencé à étudier les comportements phobiques et le rôle joué par les modèles de participants dans la correction de ces phobies (Grusec, 1992). Plus récemment, des chercheurs ont suggéré que l'auto-efficacité affecte les attitudes et les croyances d'une personne (Berry, 2010 ; Lifshitz et al., 2004). L'auto-efficacité et, en fin de compte, l'attitude d'un enseignant auront un impact significatif sur l'éducation d'un élève handicapé. Le concept d'auto-efficacité est né du traitement des phobies et fait référence à la conviction que l'on peut accomplir une tâche efficacement (Van Der Roest, Kleiner, & Kleiner, 2011). Plus précisément, les gens se forgent des croyances sur leur capacité à accomplir une tâche dans un certain domaine, ce qui influence la volonté de la personne d'essayer la tâche et, par la suite, la quantité d'efforts déployés pour l'accomplir (Bandura, 1977a). Les croyances de performance à propos d'un comportement, ou le changement de comportement, se produisent par le biais d'un processus cognitif. L'apprentissage se fait par la réussite de la tâche. La conviction d'une personne qu'elle peut réussir à accomplir la tâche dépend des tentatives réussies qu'elle a faites dans le passé. Les théoriciens de l'auto-efficacité ont donc décidé de séparer les capacités existantes de la personne d'un comportement spécifique anticipé et d'un résultat spécifique réalisé. Une personne entretient des attentes d'efficacité à l'égard d'un comportement spécifique. L'attente d'efficacité est la croyance que l'on peut réussir à adopter le comportement nécessaire pour obtenir un certain résultat. Les attentes de résultats sont secondaires aux attentes d'efficacité, c'est-à-dire les estimations selon lesquelles un comportement spécifique produira le résultat escompté (Bandura, 1977b). Une personne doit avoir des attentes d'efficacité élevées avant de tenter d'adopter un comportement.

L'auto-efficacité se développe à partir de sources multiples, comme le décrit Bandura. Il suggère que les gens développent leur auto-efficacité en réalisant des performances (Bandura, 1977a). En participant à une activité et en la réussissant, une personne développe son auto-efficacité. Bandura (1977b) suggère que l'accomplissement de performances peut être atteint par la modélisation du participant, la désensibilisation à la performance, l'exposition à la performance et la performance auto-instruite. L'auto-efficacité peut également être développée par l'expérience vicariante, par le biais d'un modèle vivant et d'un modèle symbolique. La persuasion verbale par la suggestion, l'exhortation, l'auto-instruction et les traitements interprétatifs augmente également l'auto-efficacité. Enfin, l'auto-efficacité est affectée par l'excitation émotionnelle par le biais de l'attribution, de la relaxation, de la désensibilisation symbolique et de l'exposition symbolique.

L'accomplissement de performances est généralement le moyen le plus efficace de renforcer l'auto-efficacité, suivi par les expériences vicariantes et la modélisation (Sims & Lorenzi, 1992). Armor et al. (1976) et Berman et McLaughlin (1977) ont illustré l'effet des croyances des enseignants sur leur capacité à enseigner efficacement à divers élèves. Berman et McLaughlin (1977) ont constaté que l'auto-efficacité était la caractéristique la plus importante pour modifier l'apprentissage des élèves. Armor et al. (1976) ont examiné la sélection d'un programme de lecture au sein d'un district scolaire particulier. Là encore, le sentiment d'efficacité personnelle de l'enseignant déterminait dans une plus large mesure le programme de lecture qui serait mis en œuvre dans les écoles. Gibson et Dembo (1984) ont développé la théorie de l'auto-efficacité de Bandura pour élaborer un concept qui traite spécifiquement du sentiment d'auto-efficacité des enseignants dans la salle de classe. À travers une série de trois phases, Gibson et Dembo ont aligné l'auto-efficacité de l'enseignant sur la théorie de l'auto-efficacité de Bandura. Bandura (1977a) a décrit l'attente de résultats comme la croyance qu'un certain comportement conduira à un certain résultat. Gibson et Dembo (1984) ont assimilé le concept de Bandura sur la relation entre un comportement et un résultat à l'efficacité de l'enseignement. L'efficacité pédagogique est la croyance d'un enseignant selon laquelle l'environnement peut être contrôlé afin que les élèves puissent recevoir un enseignement. L'efficacité pédagogique est également décrite comme la croyance que des circonstances externes telles que le statut socio-économique, l'implication des parents et le quotient intellectuel peuvent être surmontées grâce à la persévérance et aux efforts de l'enseignant. Ensuite, Bandura (1977a) a décrit l'efficacité personnelle comme la croyance que l'on peut adopter les comportements nécessaires pour atteindre un certain résultat. Gibson et Dembo (1984) l'assimilent à un concept intitulé "efficacité personnelle de l'enseignement". L'efficacité pédagogique personnelle est la conviction que l'enseignant a les capacités nécessaires pour faciliter un changement positif dans l'apprentissage des élèves.

Auto-efficacité de l'enseignant en formation

Les comportements adoptés par les enseignants et leurs pratiques décisionnelles sont régis par le niveau d'auto-efficacité de l'enseignant (Almog & Shechtman, 2007). Il a été démontré qu'un niveau élevé d'auto-efficacité de l'enseignant a une incidence sur de nombreux domaines de l'environnement scolaire des éducateurs généralistes. Il existe des corrélations positives entre un niveau élevé d'auto-efficacité et l'augmentation de la réussite scolaire, le dévouement accru de l'enseignant et la réduction du nombre d'orientations vers des services d'éducation spécialisée (Viel-Ruma et al., 2010). Les taux élevés d'auto-efficacité sont également en corrélation inverse avec les rapports d'épuisement en classe (Friedman, 2003).

Les enseignants ayant une attitude positive ont généralement un niveau élevé d'auto-efficacité et croient fermement qu'ils ont la capacité d'enseigner à un élève handicapé (Berry, 2010 ; Lifshitz et al., 2004). Soodak et Podell (1993) suggèrent que des niveaux élevés d'auto-efficacité des enseignants se traduisent par le placement initial de l'élève dans une classe d'enseignement général plutôt que dans un environnement plus restreint. Au contraire, les enseignants ayant un faible sentiment d'efficacité personnelle pensent que les élèves handicapés ne devraient pas être éduqués dans une classe d'enseignement général car ils risquent de réduire l'apprentissage des autres élèves (Lopes et al., 2004).

D'autres recherches ont montré la différence entre l'efficacité et l'attribution des problèmes des élèves. Les enseignants ayant un niveau élevé d'auto-efficacité attribuent les problèmes des élèves à l'environnement, contrairement à ceux qui ont un niveau d'auto-efficacité plus faible et qui attribuent les problèmes rencontrés par les élèves à l'enseignant lui-même (Brophy & McCaslin, 1992 ; Jordan et al., 1993).

L'auto-efficacité a également un impact sur l'éducateur spécialisé. Les enseignants spécialisés dont le taux d'auto-efficacité est plus élevé planifient davantage leurs pratiques pédagogiques et sont mieux organisés (Allinder, 1994). Viel-Ruma et al. (2010) ont mené une étude pour examiner la relation entre l'auto-efficacité et la satisfaction au travail chez les enseignants spécialisés. Les auteurs ont supposé qu'étant donné que l'auto-efficacité s'est avérée dans la recherche être un prédicteur de la satisfaction au travail pour les éducateurs généraux, la relation pourrait également exister pour les éducateurs spécialisés. En fait, les résultats ont indiqué une relation significative entre l'auto-efficacité et la satisfaction au travail chez les enseignants spécialisés.

Almog et Shechtman (2007) ont mené une étude pour examiner la relation entre l'efficacité et le style d'adaptation identifié par l'utilisation de réponses utiles aux élèves de l'enseignement spécialisé ayant des problèmes de comportement. L'étude a impliqué 33 enseignants d'éducation générale en Israël avec trois à cinq élèves ayant des besoins particuliers dans chaque classe. Chaque enseignant a rempli un questionnaire concernant son efficacité personnelle dans un contexte d'apprentissage. Ils ont également participé à des entretiens au cours desquels des vignettes décrivant des situations hypothétiques leur ont été présentées. Enfin, les enseignants ont été observés dans leur classe afin de voir les réponses qu'ils apportaient aux comportements problématiques. Les résultats indiquent que les enseignants ayant un taux d'auto-efficacité plus élevé ont tendance à utiliser des réponses et des stratégies utiles lors de situations hypothétiques dans tous les types d'incidents, sauf lorsque les élèves risquent d'échouer. En ce qui concerne les situations réelles en classe, les résultats ont montré des corrélations positives entre les taux élevés d'efficacité et les réponses utiles données aux élèves en ce qui concerne l'impulsivité et les comportements passifs-agressifs.

Auto-efficacité et attitude des enseignants en formation initiale

Le sentiment d'efficacité personnelle se développe tout au long de la période de formation des enseignants en formation initiale. Lin, Gorrell et Taylor (2002) ont étudié des enseignants américains en formation initiale et ont déterminé qu'entre le début et la fin de leur formation, leur sentiment d'efficacité personnelle avait augmenté. D'autres recherches ont démontré le lien entre l'auto-efficacité et l'attitude. Berry (2010) a mené une étude pour examiner le rôle de l'auto-efficacité dans le développement de l'attitude d'un enseignant en formation. Les résultats confirment les études antérieures de Carroll et al. (2003) et de Taylor et Sobel (2001) indiquant un manque de confiance dans leurs capacités à enseigner dans un environnement inclusif. Plus précisément, Berry a mis en évidence des attitudes positives chez les enseignants en formation, mais l'inexpérience et le manque de connaissances ont engendré de l'anxiété et de l'inquiétude quant à l'intégration des élèves handicapés. Berry (2010) a conclu l'étude par des suggestions visant à accroître l'auto-efficacité des enseignants en formation en illustrant les succès antérieurs des enseignants en formation dans l'utilisation de stratégies d'enseignement efficaces avec les élèves de l'enseignement général.

Inclusion

Le placement d'un élève handicapé dans un établissement scolaire est décidé par la commission d'admission, d'examen et de renvoi (Admissions, Review, and Dismissal, ARD) constituée pour prendre des décisions concernant l'éducation de l'élève handicapé. La commission ARD comprend le parent de l'élève, un enseignant d'éducation générale si l'enfant est scolarisé dans l'enseignement général, un enseignant d'éducation spéciale, un représentant du district scolaire, une personne capable d'interpréter les données d'évaluation, d'autres experts connexes si nécessaire et, le cas échéant, l'élève (Texas Administrative Code, Rule 89. 1050).

Parmi les nombreuses responsabilités du comité ARD, l'une d'entre elles consiste à déterminer le meilleur endroit où l'élève sera éduqué. La loi sur les personnes handicapées (Individuals with Disabilities Act, IDEA) contient des lignes directrices spécifiques sur lesquelles les comités ARD doivent s'appuyer pour prendre une décision de placement. L'IDEA fait référence au placement d'un élève handicapé dans l'environnement le moins restrictif (LRE), défini comme "une préférence marquée, et non une obligation, pour l'éducation des enfants handicapés dans des classes ordinaires aux côtés de leurs pairs non handicapés" (71 Fed. Reg. 46585). D'autres explications sont données ci-après :

(i) Dans toute la mesure du possible, les enfants handicapés, y compris les enfants placés dans des institutions publiques ou privées ou dans d'autres structures d'accueil, sont éduqués avec des enfants non handicapés ; et

(ii) Les classes spéciales, la scolarisation séparée ou toute autre forme de retrait des enfants handicapés de l'environnement éducatif normal n'ont lieu que si la nature ou la gravité du handicap est telle que l'éducation dans les classes normales avec l'utilisation d'aides et de services supplémentaires ne peut être réalisée de manière satisfaisante [§300. 114(a)].

Histoire de l'inclusion

Le concept d'inclusion est relativement nouveau. Les personnes souffrant de troubles du développement ont connu un large éventail d'options en matière d'éducation et de traitement, allant du placement en institution à ce que l'on observe aujourd'hui dans les salles de classe. L'opinion populaire de la fin du 19e siècle au milieu du 20e siècle a maintenu une orientation axée sur les établissements à l'égard des personnes handicapées (Beirne-Smith, Patton & Kim, 2006). La ségrégation était considérée comme la seule option viable pour mettre fin à la perpétuation du patrimoine génétique responsable de la création d'individus présentant de telles anomalies. Sur le site , on pensait qu'en séparant les hommes et les femmes pendant les années de procréation, on réduirait le risque de produire des enfants "faibles d'esprit".

Ces idées ont prévalu jusqu'au début du 20e siècle, lorsque le mouvement des tests a commencé et a finalement changé l'opinion des gens. Binet et Simon ont mis au point un test d'intelligence en France pour dépister les enfants susceptibles de bénéficier d'un enseignement spécifiquement conçu pour répondre à leurs besoins éducatifs particuliers. Le test a ensuite été traduit en anglais par Goddard en 1911 et affiné par Terman en 1916, ouvrant la voie à des idéaux plus larges concernant l'éducation des enfants handicapés.

Les décennies suivantes ont donné lieu à de nombreuses occasions de considérer les personnes souffrant de troubles du développement d'une manière plus appropriée. L'éducation spécialisée est devenue une profession reconnue en 1922, lorsqu'une organisation internationale visant à l'éducation des enfants handicapés a été créée. Cette organisation est aujourd'hui connue sous le nom de Council for Exceptional Children (Conseil pour les enfants exceptionnels). Au fil du temps et jusqu'au milieu du siècle, les écoles ont adopté une orientation axée sur les services pour les enfants handicapés. L'idée était de fournir aux enfants les compétences nécessaires pour passer de l'école publique à une vie indépendante. C'est à cette époque que les classes autonomes ont été créées et qu'un continuum de services a été mis en place pour les enfants handicapés. Ce continuum comprenait des classes autonomes ainsi que des classes ressources et des ateliers protégés. La loi publique 94-142 adoptée en 1975 garantit aux enfants handicapés le droit à une éducation publique gratuite et appropriée (FAPE). La plupart des enfants souffrant d'un retard mental passaient au moins la moitié de leur journée scolaire dans des classes autonomes et l'autre moitié dans des établissements d'enseignement général. Toutefois, le placement dans le cadre de l'enseignement général se limitait principalement au placement physique dans la salle de classe, par opposition à l'enseignement lié au contenu.

Au milieu des années 80, l'accent a été mis sur un modèle basé sur le soutien, avec des attentes élevées en matière de contenu pour les élèves handicapés. Le nouveau modèle encourageait l'intégration des enfants handicapés dans le cadre de l'enseignement général, avec le soutien nécessaire pour une éducation appropriée. Ces attentes élevées ont été exprimées dans la loi sur l'éducation des personnes handicapées (Individuals with Disabilities Education Act) (1990, 1997, 2004), qui a renforcé les exigences en matière d'intégration des enfants handicapés. La principale préoccupation de l'inclusion est d'apporter l'aide nécessaire à la classe générale plutôt que de retirer l'enfant de ses pairs du même âge pour répondre à ses besoins éducatifs spéciaux (Kilanowski-Press, Foote & Rinaldo, 2010).

L'objectif de l'inclusion n'est pas seulement systémique, il est aussi de permettre à tous les élèves de participer à des activités utiles (Reindal, 2010), ce qui crée un objectif secondaire de l'inclusion. La loi No Child Left Behind Act (NCLB ; U. S. Department of Education [USDOE], 2002) exige que les enseignants soient hautement qualifiés dans leurs domaines respectifs (Kilanowski-Press, et al., 2010). Par conséquent, de nombreux enseignants spécialisés ne répondent pas aux attentes de la loi simplement en raison de leur certification. La plupart des enseignants spécialisés sont titulaires d'un certificat d'enseignement spécialisé général sans être spécialisés dans un domaine particulier. Par conséquent, les élèves identifiés comme ayant besoin de services d'éducation spécialisée doivent être instruits par un enseignant qui a le statut d'enseignant hautement qualifié dans ce domaine particulier. Cela exige que les élèves handicapés soient placés dans des établissements d'enseignement général pour suivre des cours de contenu lorsque les éducateurs spécialisés ne sont pas certifiés dans le domaine en question. Dans l'idéal, un éducateur spécialisé sera également affecté au cours spécifique afin de collaborer avec l'enseignant d'enseignement général, ce qui favorisera la réussite de l'élève ayant des besoins particuliers.

Les avantages de l'inclusion

Malgré les inquiétudes exprimées par les enseignants concernant la pratique de l'inclusion, de nombreuses recherches ont été menées sur le succès des pratiques d'inclusion (McLeskey, Rosenberg, & Westling, 2010). Les avantages de l'inclusion touchent les enfants avec et sans handicap. Les élèves handicapés en tirent des avantages dans les domaines du comportement et des compétences sociales. Les avantages comportementaux comprennent la réduction des comportements stéréotypés, l'augmentation des compétences d'auto-assistance, l'acceptation de la transition et des perturbations de la routine, et l'indépendance (Eldar, Talmor, & Wolf-Zukerman, 2010). Les enfants handicapés font de grands progrès sur le plan social lorsqu'ils sont pleinement intégrés dans un cadre d'enseignement général. Ils font preuve d'un engagement accru, d'aptitudes plus développées à nouer des amitiés, , et donnent et reçoivent un plus grand soutien social (Eldar et. al., 2010). La recherche a montré que les élèves handicapés augmentent leur estime de soi, contribuent au développement d'amitiés et améliorent leur statut social parmi leurs pairs dans les classes inclusives (Boutot & Bryant, 2005 ; Freeman & Alkin, 2000 ; Salend & Duhaney, 1999). Sun (2007) a indiqué qu'un élève ayant des besoins particuliers a plus de chances de vivre de manière autonome s'il participe plus fréquemment à des programmes d'enseignement général qu'à des programmes de retrait.

Les élèves non handicapés tirent profit de l'inclusion en acceptant les différences entre pairs, en comprenant mieux les handicaps, en se valorisant en aidant les autres et en nouant des amitiés réciproques avec les élèves handicapés (Boutot & Bryant, 2005 ; Burstein, Sears, Wilcoxen, Cabello, & Spagna, 2004 ; Galucci & Schwartz, 2004 ; Salend & Duhaney, 1999). Jones (2007) a mené une étude qualitative portant spécifiquement sur des étudiants au développement normal sélectionnés pour être tuteurs d'enfants autistes. Les enfants ont été interrogés à l'issue de l'étude. Les pairs tuteurs ont tiré de nombreux avantages personnels, notamment "une meilleure compréhension de l'autisme, une meilleure estime de soi, une plus grande responsabilité, la reconnaissance de la chance qu'ils ont et le fait de ne pas tenir les choses pour acquises" (p. 6). D'autres recherches ont décrit les avantages de l'amélioration des habitudes de travail, de la confiance en soi, du comportement à la tâche et des activités de prise de risque grâce à l'inclusion d'élèves ayant des besoins particuliers (Dore, Dion, Wagner, & Brunet, 2002 ; Foreman, Arthur-Kelly, Pascoe, & King, 2004 ; Waldron, McLeskey, & Pacchiano, 1999).

De nombreux éducateurs et administrateurs s'inquiètent de l'impact de l'intégration sur les résultats des tests à enjeux élevés. Idol (2006) a évalué huit écoles d'une ville du sud-ouest afin de déterminer si l'intégration avait lieu dans chacune des écoles et dans quelle mesure l'intégration avait un impact sur les résultats des tests ainsi que sur d'autres facteurs. Les résultats indiquent que dans trois des quatre campus élémentaires examinés, les résultats des tests ont augmenté sur une période de quatre ans. Dans la quatrième école, les résultats d'un niveau scolaire sont restés inchangés au cours de la période de quatre ans. Des résultats similaires ont été observés sur les campus secondaires inclus dans l'étude.

Attitudes des enseignants en service à l'égard de l'inclusion

La littérature décrit de nombreux modèles d'inclusion, y compris le co-enseignement dans lequel un éducateur général et un éducateur spécialisé partagent les responsabilités de l'enseignement (McLeskey et al., 2010). Dans d'autres cas, l'éducateur spécialisé peut jouer un rôle consultatif. L'objectif de l'inclusion et sa réussite ne reposent toutefois pas sur le modèle auquel un enseignant souscrit. Le succès de l'inclusion dépend davantage des attitudes à l'égard de l'apprentissage des élèves adoptées par chacune des nombreuses parties impliquées dans le processus scolaire (Kilanowski-Press et. al, 2010). Les membres clés contribuant au succès ou à l'échec de l'inclusion sont l'élève, les parents, les administrateurs travaillant sur le campus ou occupant des postes administratifs plus élevés, les enseignants de l'enseignement général et spécialisé, les paraprofessionnels et les professionnels du soutien, y compris les services connexes et les professionnels spécialisés tels que les professeurs de musique et d'éducation physique. Chaque membre de l'équipe apporte un ensemble prédéterminé de croyances et d'attitudes concernant la meilleure façon d'éduquer un élève handicapé (Rose & Smith, 1992).

Souvent considérées comme un bon prédicteur du comportement, les attitudes des enseignants sont depuis longtemps un sujet de recherche (Fazio & Zanna, 1978). L'attitude fait généralement référence à la croyance d'une personne sur un certain sujet et détermine les comportements anticipés concernant ce sujet (Combs et al., 2010). Ross-Hill (2009) suggère que les pratiques d'inclusion ne peuvent être couronnées de succès sans l'attitude positive des enseignants. Agbenyega (2007) rapporte également que l'attitude des enseignants a un impact direct non seulement sur le placement des élèves handicapés, mais aussi sur le matériel et la qualité de l'enseignement dispensé aux enfants handicapés. L'attitude d'un enseignant aura un impact direct sur la mise en œuvre d'interventions connues pour leur efficacité auprès d'enfants handicapés tels que les autistes (McGregor & Campbell, 2001).

Les études ont donné des résultats mitigés concernant les attitudes dominantes des enseignants à l'égard de l'intégration des enfants handicapés. Certaines recherches indiquent que les enseignants sont très enclins à inclure les enfants handicapés (Hwang & Evans, 2011). Villa et al. (1996) ont interrogé 578 enseignants d'éducation générale sur leur attitude à l'égard de l'intégration. Une attitude positive a été signalée chez 78,8 % des répondants. Les données du site suggèrent que la collaboration entre les membres du personnel et le soutien administratif sont des prédicteurs essentiels d'attitudes positives chez les enseignants de l'enseignement général. Des résultats similaires ont été rapportés par Scruggs et Mastropieri (1996) dans le cadre d'une enquête beaucoup plus vaste portant sur 7 385 enseignants de l'enseignement général. Dans cette étude, 65 % des répondants ont indiqué des attitudes positives à l'égard du concept d'inclusion. En outre, 53,4 % d'entre eux se sont déclarés prêts à fournir les aménagements nécessaires aux différents élèves handicapés de leur classe. Les attitudes positives des enseignants rapportées dans plusieurs études citées donnent également lieu à des mises en garde quant à l'interprétation. Certains enseignants expriment leur volonté de mettre en place des aménagements, mais démontrent que cette volonté dépend du handicap présenté, en particulier les problèmes émotionnels et comportementaux, la surdité et les déficits cognitifs sévères (Hwang & Evans, 2011).

D'autres études ont révélé des attitudes moins positives de la part des enseignants à l'égard de l'intégration des élèves handicapés. L'Office of Special Education and Rehabilitative Services du ministère américain de l'éducation (U.S. DE OSERS, 2006) a enquêté sur les attitudes des enseignants de l'enseignement général. Les enseignants ont indiqué un manque de compréhension et de préparation pour enseigner aux élèves handicapés dans leur classe d'enseignement général.

Rose et Smith (1992) ont mené une enquête nationale pour déterminer s'il existe des obstacles dans le système éducatif qui bloquent le processus d'intégration des enfants d'âge préscolaire. Les personnes interrogées étaient des éducateurs, des parents et des administrateurs. Les participants ont été invités à identifier, à partir d'une liste de barrières potentielles, les obstacles au placement d'enfants handicapés dans des structures d'enseignement général. L'obstacle numéro un identifié dans l'enquête était la formation du personnel et les normes. Le deuxième obstacle était les valeurs et les attitudes. Un examen plus approfondi des personnes interrogées a révélé que 65 % des directeurs locaux de l'enseignement spécialisé et 100 % des parents ont répondu que les attitudes et les valeurs constituaient un obstacle au placement dans l'enseignement général. Les personnes interrogées ont ensuite été invitées à identifier les obstacles liés aux attitudes. Les questions de terrain ont été citées par 29 % des participants. La préparation des enseignants a été citée par 28 % des participants.

D'autres études de recherche ont signalé diverses causes d'attitudes négatives des enseignants à l'égard de l'intégration des enfants handicapés (Beare, 1985, Norrell, 1997 ; Snowden, 2003). Cette négativité est influencée par plusieurs facteurs. Block et Obrusnikova (2007) et Detres (2005) ont cité la préparation et la formation des enseignants comme des facteurs contribuant à leur attitude. Scruggs et Mastropieri (1996) ont réalisé une méta-analyse d'études réalisées entre

1958 et 1995. Les analyses indiquent qu'un tiers des enseignants ont déclaré manquer de ressources, de formation et de compétences nécessaires à une intégration réussie, ce qui affecte l'attitude des enseignants.

D'autres études ont examiné la gravité du handicap et l'aisance à travailler avec des personnes handicapées et ont constaté que cela influençait également la négativité de l'enseignant (Gary, 1997 ; Scruggs & Mastropieri, 1996). Downing (2004) et Campbell (2003) ont cité le comportement comme un obstacle à l'intégration réussie des élèves handicapés, ce qui affecte l'attitude de l'enseignant à l'égard de l'intégration des élèves handicapés dans la classe d'enseignement général. Robertson, Chamberlain et Kasari (2003) ont examiné les problèmes relationnels entre les enseignants et les enfants autistes. Certains enfants handicapés, en particulier les autistes, ont souvent des problèmes de comportement plus ou moins graves. Les chercheurs ont utilisé une échelle de relation entre l'enseignant et l'élève (Pianta, 1992) pour mesurer la relation qui existe entre l'enseignant et l'élève autiste. Les résultats indiquent que les élèves ayant des problèmes de comportement plus importants entretiennent des relations de moindre qualité avec les enseignants. Les chercheurs ont noté que des relations tendues existaient entre les enseignants et les enfants au développement normal qui présentaient des problèmes de comportement. Eldar et al. (2010) ont mené une étude qualitative auprès de coordinateurs d'inclusion chargés de la transition des enfants vers l'enseignement général. L'un des facteurs contribuant à une attitude négative à l'égard de l'inclusion était le refus des principaux membres de l'équipe d'accepter l'enfant comme un membre à part entière de la classe. Un participant a déclaré : "...la professeure principale est horrible. Elle n'est pas émotionnellement disponible pour l'inclusion et elle donne le sentiment qu'elle devrait être saluée pour le fait qu'elle a même accepté de prendre un tel enfant sous sa responsabilité " (Eldar et al., 2010, p. 105).

Attitudes des enseignants en formation initiale à l'égard de l'inclusion

L'attitude d'un enseignant en formation peut être un bon prédicteur des comportements futurs en ce qui concerne l'inclusion d'un élève atteint d'un trouble, en particulier l'autisme. Les études menées sur le site font état de résultats mitigés concernant l'attitude des enseignants en formation initiale à l'égard de l'intégration. Plusieurs études internationales portant sur des enseignants en formation initiale ont révélé des attitudes médiocres (Alghazo, Dodeen et Alyaryouti, 2003 ; Ellins et Porter, 2005 ; Romi et Leyser, 2006 ; Sharma et Desai, 2003), tandis que des enseignants en formation initiale au Royaume-Uni ont indiqué des attitudes positives à l'égard de l'inclusion (Avramidis et al., 2000).

Ryan (2009) a mené une étude pour examiner les attitudes des enseignants en formation initiale à l'égard de l'inclusion. Ryan a défini l'attitude comme un trait aux multiples composantes, notamment la cognition, l'affect et le comportement. La cognition comprend les croyances et les connaissances d'une personne sur un sujet, ce qui influence l'affect, l'état émotionnel et le comportement d'une personne, ainsi que les actions physiques dans lesquelles elle s'engage. Cette étude a porté sur des étudiants qui avaient suivi une formation approfondie sur l'intégration dans le cadre de leur programme de préparation. Les résultats indiquent une attitude positive à l'égard de l'inclusion, avec des mises en garde suggérant qu'ils préféreraient une formation supplémentaire.

Park, Chitiyo et Choi (2010) ont mené une recherche pour examiner les attitudes des enseignants en formation initiale concernant l'inclusion des enfants autistes. Les résultats indiquent que les enseignants en formation conservent des attitudes positives élevées, mesurées par l'échelle AAST (Autism Attitude Scale for Teachers). Un examen plus approfondi a révélé que les enseignants en formation initiale dont la spécialisation était l'éducation spécialisée avaient des taux d'attitude positive plus élevés que les étudiants dont la spécialisation était l'éducation générale.

Silverman (2007) a examiné la relation entre l'attitude des enseignants en formation initiale à l'égard de l'inclusion et leurs croyances épistémologiques. Les croyances épistémologiques sont définies comme des " croyances sur la connaissance et l'apprentissage " (Silverman, 2007, p. 43). L'étude a porté sur 71 enseignants en formation initiale inscrits à des programmes de certification de niveau master et de premier cycle. Les participants ont répondu à des enquêtes mesurant les croyances épistémologiques et les attitudes à l'égard de l'inclusion. Les résultats indiquent une forte corrélation entre des croyances épistémologiques élevées et des attitudes élevées, ce qui suggère que les enseignants ayant des croyances fortes sur l'apprentissage et les connaissances sont plus susceptibles de persister dans le processus nécessaire pour enseigner à des étudiants handicapés dans des environnements inclusifs.

Troubles du spectre autistique

La prévalence des troubles du spectre autistique est en augmentation depuis 1943, date à laquelle Leo Kanner a décrit le trouble pour la première fois (Kanner, 1943). À l'époque de la reconnaissance initiale du trouble, l'opinion concernant la présence de l'autisme chez un individu était différente de celle que l'on connaît aujourd'hui. Les spécialistes pensaient que l'autisme était de nature catégorique. Une personne était soit diagnostiquée comme étant définitivement autiste, soit comme n'étant pas autiste (Baron-Cohen, 2008). À l'époque, la prévalence de l'autisme était estimée à 4 personnes sur 10 000 (Baron-Cohen, 2008) et se limitait à ce que l'on considère comme l'autisme classique. Le Dr Lorna Wing a réfuté la nature catégorique de l'autisme et a suggéré que l'autisme classique était plutôt un trouble du spectre et représentait 10 à 20 personnes sur 10 000 (Wing & Gould, 1979).

Le Manuel diagnostique et statistique des troubles mentaux, 4$^{(e)}$ édition (DSM-IV) définit le trouble autistique comme suit :

A.   Un total de six (ou plus) éléments de (1), (2) et (3), dont au moins deux de (1) et un de (2) et (3) :

(1)   une altération qualitative de l'interaction sociale, se manifestant par au moins deux des éléments suivants :

(a)   une déficience marquée dans l'utilisation de comportements non verbaux multiples tels que le regard, l'expression faciale, les postures corporelles et les gestes pour réguler l'interaction sociale

(b)   l'incapacité à développer des relations avec ses pairs en fonction de son niveau de développement

(c)   un manque de recherche spontanée pour partager des plaisirs, des intérêts ou des réalisations avec d'autres personnes (par exemple, en ne montrant pas, en n'apportant pas ou en ne montrant pas des objets d'intérêt).

(d)   manque de réciprocité sociale ou émotionnelle

(2)   des troubles qualitatifs de la communication se manifestant par au moins l'un des éléments suivants :

(a)   retard ou absence totale de développement du langage parlé (non accompagné d'une tentative de compensation par d'autres modes de communication tels que le geste ou le mime)

(b)   chez les personnes ayant une bonne élocution, altération marquée de la capacité à entamer ou à poursuivre une conversation avec d'autres personnes

(c)   utilisation stéréotypée et répétitive du langage ou langage idiosyncrasique

(d)   absence de jeux variés et spontanés pour faire semblant ou de jeux d'imitation sociale adaptés au niveau de développement

(3)   des schémas de comportement, d'intérêts et d'activités restreints, répétitifs et stéréotypés, se manifestant par au moins l'un des éléments suivants :

(a)   englobant une préoccupation pour un ou plusieurs centres d'intérêt stéréotypés et restreints dont l'intensité ou le centre d'intérêt est anormal

(b) adhésion apparemment inflexible à des routines ou à des rituels spécifiques et non fonctionnels

(c) des comportements moteurs stéréotypés et répétitifs (par exemple, battements ou torsions des mains ou des doigts, ou mouvements complexes de l'ensemble du corps)

(d) préoccupation persistante pour des parties d'objets

B. Retard ou fonctionnement anormal dans au moins un des domaines suivants, apparu avant l'âge de 3 ans : (1) interaction sociale, (2) langage utilisé dans la communication sociale, ou (3) jeu symbolique ou imaginatif.

C. La perturbation n'est pas mieux expliquée par le trouble de Rett ou le trouble désintégratif de l'enfance. (American Psychiatric Association, 1994, Manuel diagnostique et statistique des troubles mentaux, p. 70-71).

La recherche sur la prévalence de l'autisme s'est poursuivie au fil des décennies et les taux n'ont cessé d'augmenter. En 2000, les Centers for Disease Control (CDC) indiquaient un taux de prévalence chez les enfants de huit ans de 6,7 pour 1 000 enfants en moyenne. En 2006, le taux de prévalence était d'environ un enfant sur 110 atteint d'un trouble du spectre autistique (Rice, 2007). Plus récemment, une étude a été menée en Corée auprès de tous les enfants des écoles élémentaires d'une région, y compris les enfants ne présentant pas de troubles autistiques connus et ceux présentant une forte probabilité de présenter un trouble autistique. Les résultats ont indiqué un taux de prévalence de 2,64 % (Kim et. al., 2011). Les résultats ont permis de conclure que parmi les élèves du primaire identifiés comme ayant un trouble du spectre autistique, les deux tiers étaient inclus dans la population de la classe typique. Les enfants étaient éduqués parmi leurs pairs typiques, non handicapés, mais n'avaient pas été diagnostiqués autistes. Les chercheurs ont conclu qu'une détection et une évaluation plus précoces étaient cruciales (Kim et. al, 2011).

Prévalence des troubles du spectre autistique au Texas

Les écoles du Texas ont connu la même augmentation de la prévalence des troubles du spectre autistique que celle observée dans les données nationales. Les agences locales d'éducation (Local Education Agencies - LEA) communiquent à l'agence d'éducation du Texas (Texas Education Agency - TEA) le nombre d'enfants bénéficiant de services d'éducation spéciale en fonction de leur catégorie d'éligibilité principale. De nombreux enfants handicapés présentent des comorbidités en plus du trouble initial. Toutefois, à des fins de collecte de données, seul le handicap principal est pris en compte. Le Texas a connu une augmentation de 313 % du nombre d'enfants bénéficiant d'une éducation spéciale et dont l'autisme est le principal critère d'éligibilité.

En 2001, l'État comptait 7 156 enfants autistes. Ce nombre est passé à 29 536 en 2010 (TEA, 2011). Une analyse plus poussée des données révèle que sur les 29 536 élèves autistes, environ 20 % étaient scolarisés dans un établissement d'enseignement général.
et n'ont pas été retirés de la classe pendant plus de 21 % de la journée. Environ un tiers des enfants étaient scolarisés dans une classe ressource pendant 21 à 60 % de la journée scolaire et un autre tiers étaient scolarisés dans une classe autonome pendant plus de 60 % de la journée scolaire. Les 20 % d'enfants restants ont été scolarisés dans d'autres contextes, notamment dans des programmes préscolaires, à domicile, dans des programmes professionnels, dans des institutions résidentielles et dans des écoles publiques.

Développement professionnel et attitude

Les enseignants d'enseignement général en activité se voient offrir de multiples possibilités de participer à des activités de développement professionnel par l'intermédiaire de leur district et de leur campus, de centres de services régionaux ou de conférences conçues et produites par des entreprises commerciales. DeSimone et Parmar (2006) ont signalé les effets positifs du développement professionnel sur l'efficacité des enseignants à enseigner aux élèves présentant des troubles de l'apprentissage. Cependant, l'étude a également révélé le nombre limité d'opportunités de formation auxquelles les enseignants ont réellement participé. Dans une enquête, 43 % des professeurs de mathématiques de l'enseignement général ont assisté à moins de trois séances de formation professionnelle. Les commentaires des participants suggèrent que les sessions n'étaient pas utiles car elles ne fournissaient pas de stratégies pédagogiques pour enseigner aux étudiants ayant des difficultés d'apprentissage. Sur la base de ces informations, Kosko et Wilkins (2009) ont examiné la corrélation entre le nombre d'heures de développement professionnel et la perception de l'auto-efficacité des enseignants en poste. Les résultats indiquent que le développement professionnel, quel qu'il soit, augmente l'auto-efficacité perçue ; cependant, au moins huit heures de développement professionnel tendent à doubler les niveaux d'auto-efficacité. Cette étude a démontré la valeur du développement professionnel pour les enseignants en activité, mais a mis en lumière les difficultés évidentes à fournir un développement suffisant après que l'enseignant a terminé un programme de préparation à l'enseignement. En outre, une augmentation de l'auto-efficacité à la suite d'un développement professionnel se traduirait également par une augmentation de l'attitude, comme cela a été décrit dans la littérature.

Les enseignants en poste ont peu d'occasions de développer des attitudes positives à l'égard de l'intégration des élèves handicapés ; par conséquent, les programmes de formation destinés aux enseignants en formation initiale sont le meilleur moyen de s'assurer que les enseignants développent l'attitude nécessaire pour enseigner efficacement dans une classe intégrée (Sharma et al., 2006). Toutefois, les programmes de formation des enseignants n'offrent généralement qu'une exposition limitée à l'enseignement des élèves autistes et des autres troubles du développement aux élèves de l'enseignement général (Sharma et al., 2008). La plupart des écoles exigent que les enseignants en formation initiale à l'enseignement général suivent un cours sur les anomalies. Ce cours est souvent conçu de manière à consacrer une semaine d'enseignement à chacune des 13 catégories d'éducation spéciale. La recherche a démontré que la formation peut avoir un impact direct sur le sentiment d'efficacité personnelle de l'enseignant (Berry, 2010). De nombreuses études ont montré que la formation sur les handicaps spécifiques est un facteur constant qui contribue à l'attitude des enseignants vis-à-vis de l'enseignement inclusif (Avramidis & Norwich, 2002 ; Center & Ward, 1987 ; Hastings & Graham, 1995 ; Loreman & Earle, 2007 ; Loreman, Forlin, & Sharma, 2007 ; Sharma et al., 2006 ; Subban & Sharma, 2006).

Jenkins et Ornelles (2007) ont mis au point un instrument d'enquête pour mesurer la confiance des enseignants en formation dans l'accompagnement des élèves handicapés. L'enquête a été réalisée sur le site auprès de deux groupes différents de l'Université d'Hawaï. Les participants étaient soit des étudiants en enseignement général, soit des étudiants inscrits à un programme de double certification. Les participants au programme d'enseignement général ont donné des réponses significativement plus faibles dans tous les domaines, ce qui démontre un niveau de confiance plus faible dans le travail avec les étudiants handicapés. L'enquête a ensuite été administrée à des enseignants en exercice à Hawaï afin d'examiner les niveaux de confiance dans l'enseignement à des apprenants divers. L'étude a porté sur 827 enseignants de l'enseignement général et de l'enseignement spécialisé. Les chercheurs ont également examiné les niveaux de confiance en fonction du nombre d'années de service, avec des groupes comprenant zéro à trois ans, quatre à huit ans, neuf à quinze ans et plus de seize ans d'expérience. Les résultats indiquent que les années d'expérience n'ont pas d'incidence sur le niveau de confiance d'un enseignant. Les chercheurs ont suggéré que les enseignants ont besoin d'un développement professionnel dès le début de leur carrière pour développer l'auto-efficacité nécessaire pour enseigner à des apprenants divers (Jenkins & Ornelles, 2009).

Développement professionnel et attitudes des enseignants en formation initiale

Former les enseignants en formation initiale à différents types de handicaps et leur enseigner des stratégies dont l'efficacité a été démontrée pour certaines caractéristiques des handicaps peut entraîner une augmentation positive de l'attitude à l'égard de l'inclusion (Sze, 2009). Cook (2002) a mené une étude pour examiner les attitudes des enseignants en formation initiale à l'égard de l'intégration des enfants handicapés, pas spécifiquement autistes. Les étudiants de l'étude ont participé à des cours d'éducation générale qui ont intégré des concepts typiques de l'éducation spécialisée dans le contenu. Le chercheur a examiné les effets de l'intégration des concepts de l'éducation spécialisée dans le contenu de l'éducation générale sur les attitudes des enseignants en formation. Comme pour Scruggs et Mastropieri (1996), les résultats ont montré que l'attitude dépendait du handicap présenté. En outre, les participants ont indiqué que leur formation initiale n'était pas suffisante pour les préparer à enseigner à des élèves issus de la diversité dans leurs classes.

Silverman (2007) a identifié les besoins de formation des enseignants en formation initiale en matière d'attitudes et de croyances. La formation devrait inclure la collaboration entre les éducateurs généraux et spécialisés et leurs rôles respectifs, le renforcement des croyances épistémologiques et une manière de relier les croyances aux besoins des élèves handicapés, ce qui se traduirait par une amélioration des attitudes et une plus grande efficacité personnelle sur le site . Sims et Lorenzi (1992) suggèrent que la formation impliquant la persuasion sociale en combinaison avec la modélisation et l'apprentissage par procuration est efficace pour développer l'auto-efficacité.

Une recherche dans les bases de données Education Research Complete, Academic Search Complete, ERIC, Professional Development Collection, PsycARTICLES, PsycBOOKS, Psychology and Behavioral Sciences Collection, PsycINFO à l'aide des mots clés "autism", "professional development" et "attitude" n'a permis de trouver qu'un seul article de recherche et trois thèses. Un examen plus approfondi des articles et des thèses a permis de trouver quelques documents supplémentaires concernant l'inclusion d'élèves présentant d'autres handicaps et les attitudes des enseignants en formation initiale.

Leblanc, Richardson et Burns (2009) suggèrent qu'il est essentiel de comprendre les spécificités de l'autisme étant donné les taux de prévalence rapportés par diverses institutions. Les enseignants qui travaillent avec des enfants autistes doivent avoir une formation adéquate et suffisante (Jennett, Harris, & Mesibov, 2003). Leblanc et al. (2009) ont mené une étude dans laquelle l'attitude et le niveau de connaissances d'enseignants en formation initiale dans le secondaire ont été examinés avant et après une formation d'une durée totale de trois heures et 20 minutes sur une période de deux mois. La formation comprenait deux parties. La première portait sur les caractéristiques des TSA, les styles de communication et l'analyse comportementale appliquée. La seconde session de formation s'est concentrée sur le comportement, les compétences sociales et l'anxiété des élèves atteints de TSA. Leblanc (2009) a utilisé l'inventaire des TSA élaboré par le SSP-ASD des Services à l'enfance et à la famille Algonquin dans le cadre de cette étude. L'instrument mesure principalement l'atteinte de connaissances techniques liées aux TSA. Seules les trois premières questions de l'instrument mesurent l'attitude à l'égard des élèves autistes. Les résultats indiquent que les attitudes et les perceptions des enseignants en formation préparant le certificat d'études secondaires ont augmenté de manière significative après la formation. En outre, les connaissances techniques des enseignants en formation, définies comme des connaissances sur les TSA, ont augmenté de manière significative après la formation. Enfin, les résultats indiquent une augmentation significative des connaissances des enseignants en formation sur les stratégies d'enseignement comportemental.

de Boer Ott (2005) a examiné la formation reçue par les enseignants et leur attitude à l'égard de l'intégration des élèves autistes dans les classes d'enseignement général. Les résultats ont révélé que les enseignants ont besoin de soutien dans plusieurs domaines, y compris l'information sur les troubles spécifiques, la formation pour le placement des élèves, l'inclusion, l'évaluation et le soutien en classe. Les résultats ont confirmé la nécessité d'une formation explicite dans le domaine de l'autisme pour les enseignants en formation initiale et en cours d'emploi.

Au Texas, le développement professionnel est encouragé et même exigé pour les enseignants d'élèves atteints de troubles du spectre autistique. Le code administratif du Texas (§89.1055) spécifie 11 stratégies pour l'enseignement aux élèves autistes. L'une de ces stratégies est le soutien général et spécifique des professionnels et des éducateurs. La formation générale liée au trouble comprend les techniques, les stratégies et la mise en œuvre du plan d'éducation individualisé (PEI). La formation spécifique comprend le soutien et la formation concernant un élève particulier et ses besoins spécifiques. L'État du Texas considère que la formation générale et la formation spécifique à un élève sont suffisamment importantes pour être incluses dans les règles du commissaire, dans le code administratif du Texas. Une autre stratégie énoncée dans le règlement du commissaire concerne l'utilisation de stratégies d'enseignement fondées sur la recherche et évaluées par des pairs dans la mesure du possible. Cette exigence ne concerne pas spécifiquement le développement professionnel, mais elle implique que les enseignants doivent être formés pour appliquer fidèlement les techniques fondées sur la recherche.

Conclusion

Les enfants autistes représentent un défi unique pour les enseignants de l'enseignement général. Un manque de connaissances peut susciter des craintes face à l'incertitude et entraîner un manque d'efficacité personnelle dans l'accomplissement des tâches nécessaires pour enseigner à des élèves ayant des besoins particuliers. Le National Research Council (2001) a identifié neuf composantes de programmes efficaces pour les élèves atteints de troubles du spectre autistique. Parmi ces composantes figure la formation du personnel. Il est essentiel de développer un sentiment d'efficacité personnelle qui conduise à des attitudes positives chez les enseignants au cours de leur formation préparatoire, afin de jeter les bases d'une carrière réussie. La littérature offre quelques exemples de formation initiale des enseignants, allant de courtes sessions de développement professionnel de trois heures 20 minutes (Leblanc et al., 2009) à l'infusion de sujets relatifs à l'éducation spécialisée dans les classes d'enseignement général (Cook, 2002). Chaque type de formation a donné des résultats similaires, suggérant la nécessité d'une formation spécifique sur les troubles pendant les années de formation initiale et l'effet qui en résulte sur l'attitude. Cette étude vise à enrichir la littérature en examinant les attitudes des enseignants en formation avant et après une formation professionnelle ciblée sur les caractéristiques des troubles du spectre autistique ainsi que sur les stratégies d'intégration des élèves atteints de TSA dans les classes d'enseignement général.

Pour ce faire, une session de formation professionnelle ciblée de deux heures et trente minutes sera proposée aux enseignants en formation initiale. Elle portera sur les caractéristiques des troubles du spectre autistique et utilisera des stratégies efficaces basées sur la recherche pour inclure les élèves atteints d'autisme, comme le prévoit le code administratif du Texas.

CHAPITRE 3

Méthodes

La présente étude est un modèle expérimental visant à examiner les attitudes des enseignants en formation initiale à l'égard de l'inclusion des élèves autistes dans les classes d'enseignement général après une formation professionnelle ciblée sur le spectre de l'autisme. Bien qu'il existe de nombreuses recherches sur les caractéristiques de l'autisme, les attitudes des enseignants et l'inclusion en général, il y a une lacune dans la littérature existante lorsque les trois spécificités sont combinées. Il existe peu d'ouvrages sur les attitudes des enseignants en formation initiale à l'égard de l'inclusion des élèves autistes et sur l'effet du développement professionnel sur leur attitude. Le chapitre trois décrira la méthodologie employée dans cette étude sur les attitudes des enseignants en formation concernant l'intégration des enfants autistes dans une classe d'enseignement général.

La question de recherche était la suivante : Les moyennes de groupe des attitudes des enseignants en formation initiale s'améliorent-elles à la suite d'un développement professionnel ciblé sur l'inclusion des élèves autistes ?

Conception de la recherche

Cette étude a utilisé un modèle expérimental pour examiner le changement d'attitude à l'égard de l'inclusion des élèves autistes dans les classes d'enseignement général des enseignants en formation qui ont participé à un développement professionnel ciblé sur l'autisme. Les études expérimentales consistent à répartir des individus dans des groupes sur la base d'une affectation aléatoire (Kirk, 1995). Les participants ont été répartis de manière aléatoire dans deux groupes différents : un groupe expérimental qui a bénéficié d'un développement professionnel spécifique et ciblé et un groupe témoin qui n'a pas reçu ce traitement. La variable dépendante de cette étude est l'attitude des participants, telle qu'elle ressort de l'enquête sur l'attitude des enseignants à l'égard de l'intégration (Teacher Attitude Toward Inclusion Survey, TATIS) (annexe A). La variable indépendante était la participation ou la non-participation à un développement professionnel spécifique sous la forme d'une session de formation de deux heures et trente minutes. L'instrument TATIS a été administré deux fois avant le développement professionnel et deux fois après le développement professionnel.

Les participants

Les participants étaient des étudiants de premier cycle préparant un diplôme en éducation avec un certificat en éducation élémentaire, secondaire, spéciale ou autre dans une petite université privée du centre du Texas. Au total, 65 enseignants en formation ont accepté de participer à l'étude. Il s'agissait de 15 étudiants en enseignement élémentaire, 11 en enseignement secondaire, 12 en éducation spécialisée ou en études interdisciplinaires, et 27 dans d'autres domaines tels que l'éducation physique, l'éducation musicale ou l'éducation artistique. Le diplôme d'études interdisciplinaires est une spécialisation en éducation qui permet aux étudiants d'obtenir un certificat d'éducation élémentaire et d'éducation spécialisée. En outre, les étudiants sont préparés à ajouter à leur certificat l'enseignement de l'anglais en tant que seconde langue. Les participants étaient âgés de 20 à 45 ans, 80 % d'entre eux ayant entre 20 et 25 ans. Les seniors représentaient 75 % des participants. Les 25 % restants étaient des juniors. Les femmes représentaient 68 % de l'échantillon. Les hommes représentaient les 32 % restants.

Tous les participants à cette étude avaient suivi un cours sur les particularités, cours obligatoire pour tous les étudiants en éducation. Ce cours a présenté aux étudiants en éducation les 13 catégories d'étiquettes pour l'éligibilité à l'éducation spéciale au Texas, y compris les troubles du spectre autistique. C'est le seul cours que les étudiants en éducation générale ont suivi qui comprenait des éléments liés à une formation spécifique sur les questions d'éducation spéciale. Ainsi, les étudiants qui ont suivi ce cours avaient au moins une compréhension minimale des troubles, en particulier de l'autisme, et de l'influence d'un trouble sur la gestion du cadre de l'enseignement général. Les participants se spécialisant dans l'éducation spécialisée avaient suivi jusqu'à cinq cours conçus pour les éducateurs spécialisés en formation initiale. On a supposé que les étudiants en éducation spécialisée avaient une compréhension de l'inclusion et des troubles du spectre autistique.

Les étudiants du secondaire et ceux qui se spécialisent dans d'autres domaines tels que l'art, l'éducation physique et l'éducation musicale ne suivent que quatre cours du département d'éducation. Ces cours comprennent une introduction à l'éducation, le cours sur les particularités , un cours sur la gestion de la classe et un cours sur le programme d'études. Tous les autres cours sont spécifiques au contenu. Au total, 65 enseignants en formation initiale ont participé à cette étude. Sur les 65 participants, 38 étaient des diplômés de l'enseignement secondaire ou d'un autre type de diplôme. Les diplômés du secondaire représentaient 11 des 38 participants, tandis que 27 participants étaient des diplômés d'autres niveaux.

Les étudiants en enseignement général et spécialisé qui avaient suivi le cours sur les particularités et étaient inscrits à des cours d'éducation à l'université au printemps.

2012 ont été sélectionnés pour participer à l'étude. Les professeurs de deux cours d'enseignement général ont accepté d'autoriser le chercheur à se rendre en classe à des moments précis du semestre de printemps pour administrer le TATIS. Les cours sélectionnés étaient des cours du soir et se déroulaient les lundis et mercredis soirs. Les étudiants en éducation spécialisée n'étaient pas inscrits aux cours du soir mais sont venus de leur propre chef pour participer. Le chercheur s'est rendu à chaque cours pendant la période prévue pour administrer le TATIS et dispenser le développement professionnel. Lors de la première visite, le chercheur a demandé à des volontaires de participer à l'étude. Les volontaires ont rempli un formulaire de consentement à la participation (annexe B). Au total, trois élèves ont choisi de ne pas participer à l'étude. Ceux qui ont choisi de ne pas participer ont rejoint leur professeur dans une autre salle de classe pour poursuivre les activités spécifiques au cours comme d'habitude. Neuf étudiants n'ont pas effectué les quatre administrations du TATIS. Les données incomplètes ont été éliminées de l'étude. Au total, 65 participants ont complété les quatre administrations du TATIS et ont été inclus dans les analyses de données.

Instruments

Cullen et Noto (2007) ont d'abord développé l'échelle APTAIS (Attitudes of Pre-Service Teachers Toward Inclusion Scale), qui consiste en un questionnaire de type Likert à 14 questions, conçu pour mesurer les attitudes des enseignants d'éducation générale à l'égard de l'inclusion des élèves handicapés dans la classe d'éducation générale. Suite au développement de l'APTAIS, Cullen, Gregory et Noto (2010) ont développé The Teacher Attitudes Toward Inclusion Scale (TATIS) pour mesurer les attitudes des enseignants en formation initiale et en cours d'emploi à l'égard de l'inclusion des élèves présentant des handicaps légers à modérés dans la salle de classe d'enseignement général. Le TATIS est un questionnaire de 14 items de type Likert . Les participants répondent aux énoncés sur une échelle de 1 (tout à fait d'accord) à 7 (pas du tout d'accord). La validité du construit a été confirmée par une analyse des composantes principales. Les items de TATIS reflétaient les facteurs clés montrés dans la littérature comme étant évidents lorsqu'un enseignant possède une attitude positive envers l'inclusion. La fiabilité de l'instrument TATIS a été confirmée par la procédure de corrélation alpha de Chronbach, avec un coefficient de corrélation global de 0,82.

La notation du TATIS consiste à obtenir des scores bruts pour chacune des trois composantes. Les scores bruts sont combinés pour obtenir un score brut total. Un score brut faible sur le TATIS indique que l'enseignant a une attitude positive à l'égard de l'intégration des enfants handicapés et qu'il soutient les pratiques d'intégration.

Intervention

Le développement professionnel peut prendre de nombreuses formes, comme le décrit la littérature. Le développement professionnel proposé dans le cadre de cette étude s'est déroulé pendant les cours réguliers du semestre de printemps. Les étudiants ont eu la possibilité d'y participer ou de choisir de ne pas y participer. Pour les étudiants qui ont choisi de participer, il était nécessaire de différencier ce développement professionnel des cours habituels. Plusieurs facteurs ont été mis en œuvre pour atteindre cet objectif. Le chercheur a assuré la formation. Elle avait une expérience antérieure en tant qu'éducatrice ordinaire et spécialisée et avait été spécialiste de l'autisme au Centre de services éducatifs de la région 12. Cette expérience a permis au chercheur/présentateur d'acquérir une connaissance approfondie du sujet, qui a pu dépasser les connaissances généralement dispensées dans le cadre d'un cours magistral classique. Compte tenu de l'expérience historique du chercheur, des expériences et des exemples du monde réel ont été utilisés dans le cadre de la formation. La plupart des étudiants participant à chaque session de formation ne connaissaient pas le présentateur/chercheur en raison de leur spécialisation. Le présentateur/chercheur enseigne principalement des cours d'éducation spécialisée et la plupart des participants avaient des spécialités autres que l'éducation spécialisée.

La source du matériel utilisé pour la formation est un autre facteur qui a contribué à différencier ce développement professionnel d'une activité typique en classe. L'État du Texas est divisé en 20 régions, chacune disposant d'un centre de services éducatifs (ESC) qui assure la liaison entre l'Agence de l'éducation du Texas (TEA) et les agences éducatives locales. Chaque centre de services est doté d'un consultant en éducation spécialisée qui fait office de spécialiste de l'autisme pour cette région. Les 20 spécialistes de l'autisme siègent au Texas Statewide Leadership for Autism pour coordonner les services et la formation pour l'État du Texas dans un effort de rationalisation et de hiérarchisation des besoins de formation. L'Agence de l'éducation du Texas a chargé le Texas Statewide Leadership for Autism de développer des modules de formation en ligne afin que les enseignants du Texas aient accès à des informations cohérentes et précises sur les caractéristiques des troubles du spectre autistique et sur les stratégies d'enseignement efficaces. L'un des modules en ligne est conçu pour les enseignants de l'enseignement général et a également été développé sous la forme d'une présentation en direct. Le chercheur a obtenu l'autorisation du directeur du Texas Statewide Leadership for Autism d'utiliser la version en direct du module pour cette étude. Le développement professionnel, intitulé "Autism in the General Education Classroom" (L'autisme dans la classe d'enseignement général), a été conçu à l'origine comme une présentation en direct d'une durée de six heures. Comme les cours universitaires utilisés dans cette étude duraient chacun trois heures, le chercheur a modifié la formation. Le résultat

Le développement professionnel a consisté en une présentation de deux heures et 30 minutes. Les participants ont d'abord reçu un calendrier visuel pour illustrer la stratégie nécessaire à de nombreux élèves autistes. Les participants ont coché chaque section de la formation à la fin de celle-ci. La formation a commencé par une définition des troubles du spectre autistique. Le chercheur a décrit les recherches actuelles sur le cerveau concernant les causes possibles et les résultats pour les personnes touchées par l'autisme. Le spectre de l'autisme a été abordé, notamment le trouble désintégratif de l'enfance, le syndrome de Rhett, l'autisme classique, le syndrome d'Asperger et le trouble envahissant du développement non spécifié. Les indicateurs précoces de l'autisme ont été décrits dans la formation. L'autisme a été décrit comme une triade de déficiences affectant l'enfant sur le plan comportemental, social et de la communication. Les problèmes sensoriels ont été abordés ainsi que leurs effets sur le comportement des élèves autistes. Après l'analyse des caractéristiques de l'autisme, le chercheur a abordé la valeur de ces connaissances pour les enseignants de l'enseignement général. Les caractéristiques de l'autisme, telles que les déficiences sensorielles, les déficits de communication et les problèmes de comportement ( ) ont un impact sur la façon dont les enseignants peuvent mener leurs classes et sur les attentes académiques des élèves. Les différences d'apprentissage des élèves autistes ont été incluses dans la formation, notamment le besoin de supports visuels pour l'enseignement, les transitions, les procédures et les routines. La formation comprenait également des stratégies visant à développer une culture de classe positive. Cette section se concentre sur la préparation de l'élève autiste entrant, de ses parents par le biais d'un contact régulier, et de ses pairs non handicapés. Des exemples sous forme de vidéos, d'images et d'activités ont été utilisés tout au long de la formation. Le tableau 1 présente le format général de la formation. Une description complète de la formation, y compris les activités, les vidéos et les exemples applicables, figure à l'annexe D.

Tableau 1

Calendrier de développement professionnel

Thème	Contenu
Autisme et enseignement général	Spectre de l'autisme Sous-catégories de l'autisme
	Causes
	Statistiques

	Diagnostic ou éligibilité
	Indicateurs précoces communs
	Triade de déficiences : communication, sociales, comportements restreints ou inhabituels
	Différences d'apprentissage uniques : vidéo d'un enfant autiste
Culture d'accueil en classe	Attitude positive et acceptation
	Participation des familles
	Rassembler des informations et une équipe
	Préparer l'élève/les pairs
	Liens avec le programme d'études
	Considération sensorielle
	Renforcement/motivation
	Attendre le succès
Importance de la communication	Caractéristique de la communication
	La communication se traduit par un comportement
	Utilisation/modélisation de la langue Que peuvent faire les éducateurs ?
Planifier les stratégies d'enseignement	Stratégies visuelles
	Conception universelle de l'enseignement Structure de la classe Compétences sociales
	Modélisation par les pairs

Procédures

Une analyse de puissance pour les mesures répétées entre les sujets a été effectuée en utilisant $\alpha = 0{,}05$, une puissance de 0,80, un $f\,de$ Cohen de 0,3 pour la taille de l'effet et une corrélation de 0,5. Le chercheur n'avait pas connaissance de mesures de corrélation test-retest de l'instrument, mais une certaine corrélation était attendue. Il a donc choisi une corrélation modérée pour l'analyse de la taille de l'échantillon. En utilisant ces paramètres, les analyses de puissance ont indiqué une taille d'échantillon totale de 58 participants. Les participants ont été choisis dans deux cours que les étudiants suivent habituellement après le cours préalable sur les anomalies requis pour cette étude. Le calendrier de l'administration du TATIS et du développement professionnel est présenté dans le tableau 2. Le chercheur a assisté au premier cours une semaine avant l'intervention. Le chercheur a assisté au deuxième cours deux semaines avant l'intervention. Des volontaires ont été recrutés dans les deux classes. Les étudiants qui ont choisi de participer ont rempli un questionnaire démographique (annexe C). Le questionnaire interrogeait les participants sur la matière principale choisie, l'âge, l'année scolaire, le sexe, les occasions de travailler avec des élèves autistes et d'autres handicapés, et l'exposition à des personnes autistes ( ) et à d'autres handicapés. Les étudiants ont ensuite été invités à remplir le TATIS. Le chercheur a vérifié la liste des inscriptions pour chaque classe. Un participant était inscrit aux deux cours utilisés dans cette étude. Ce participant n'a pas reçu deux fois le questionnaire démographique ou le TATIS.

Tableau 2

Calendrier de l'administration de TATIS et du développement professionnel

6 et 8 février, 2012	13 et 22 février, 2012	29 février & 5 mars 2012	7 et 19 mars 2012
Les participants ont rempli le formulaire de consentement	Les participants ont rempli le questionnaire TATIS	Les participants complété par TATIS	Les participants complété par TATIS
Les participants ont rempli un questionnaire démographique	Participants répartis de manière aléatoire dans les groupes		
Les participants ont rempli le questionnaire TATIS	Le groupe expérimental a bénéficié d'un développement professionnel dans une salle de classe séparée.		
	Le groupe de contrôle a poursuivi ses activités normales en classe		

Après la première visite, le chercheur a assigné au hasard chaque participant à l'un des deux groupes de traitement. Pour ce faire, elle a recueilli tous les questionnaires démographiques. Les questionnaires ont été séquentiellement divisés en trois groupes. Le chercheur a ensuite divisé séquentiellement les questionnaires du troisième groupe entre le premier et le deuxième groupe. Parmi les deux groupes ainsi constitués, l'un a été choisi au hasard comme groupe expérimental et l'autre comme groupe de contrôle.

Le chercheur a assisté au premier cours une semaine après la visite initiale. Le chercheur a assisté au cours deux semaines après la visite initiale. Tous les participants ont rempli le TATIS pour une deuxième mesure. Le groupe expérimental est resté dans la classe pour participer à la formation professionnelle ciblée. Le groupe témoin s'est rendu dans une autre salle de classe similaire avec le professeur du cours, après quoi la classe s'est poursuivie selon l'emploi du temps habituel. Tous les participants, expérimentaux et témoins, sont restés dans leurs sessions respectives pendant la même période. Les étudiants qui ont choisi de ne pas participer à l'étude sont allés avec le professeur dans une autre salle de classe et ont poursuivi leurs activités régulières. Les participants du groupe expérimental n'ont pas été privés de l'accès au matériel de cours du fait de leur participation à l'étude. Les professeurs des groupes de contrôle ont utilisé des activités qui consistaient à réviser le matériel et ne fournissaient pas de nouvel enseignement.

Les participants du groupe expérimental ont bénéficié d'un développement professionnel spécifique obtenu auprès du Texas State Autism Network. Cette formation a été élaborée par le Texas Statewide Leadership for Autism et modifiée par le chercheur pour être utilisée dans le cadre de l'étude.

Trois semaines après l'achèvement du développement professionnel, le chercheur a assisté à la première classe utilisée dans cette étude pour administrer le TATIS pour la troisième fois. La deuxième classe utilisée dans cette étude a rempli le TATIS une semaine après la formation professionnelle. Les participants des groupes expérimental et témoin ont été invités à remplir à nouveau le questionnaire TATIS pour mesurer leurs attitudes après le développement professionnel. Les élèves qui n'ont pas participé à l'étude sont restés dans la classe pendant que l'enquête était réalisée. Il a fallu moins de 10 minutes pour répondre à l'enquête.

Le chercheur s'est de nouveau rendu dans la première classe utilisée dans cette étude deux semaines plus tard pour procéder à la quatrième et dernière administration du TATIS. La deuxième classe a participé à la quatrième et dernière administration du TATIS une semaine après la troisième administration (tableau 2).

Analyse des données

Le TATIS a été administré quatre fois, deux fois avant le développement professionnel et deux fois après. Les hypothèses de normalité, d'homogénéité de la variance et de sphéricité ont été examinées. Une ANOVA à mesures répétées à deux facteurs a été réalisée avec le développement professionnel comme variable indépendante et les scores moyens des groupes reflétés sur le TATIS comme mesure dépendante. Les interactions au sein des groupes et entre les groupes ont été examinées, de même que les mesures de l'ampleur de l'effet à l'aide de l'éta-carré généralisé. Bakeman (2005) a décrit l'éta-carré généralisé comme une mesure appropriée de l'ampleur de l'effet lors de l'exécution de plans à mesures répétées. L'eta au carré généralisé prend en compte la variance au sein des sujets et entre les sujets dans le dénominateur. Certaines administrations ont également été examinées, en particulier la première et la troisième administration du TATIS. Les moyennes des deux groupes de traitement ont été comparées lors de la première administration du TATIS, avant l'intervention. Comme la troisième administration représentait les attitudes des participants du groupe expérimental juste après l'intervention, un *test t* indépendant des moyennes a été examiné pour déterminer si une valeur significative était notée dans la variance à la 3ème administration de l'instrument TATIS. Le *d de* Cohen a été utilisé comme mesure de l'ampleur de l'effet.

CHAPITRE 4

Résultats

L'objectif de cette étude était de déterminer si un développement professionnel ciblé pouvait modifier les attitudes des enseignants en formation dans une petite université privée.

Les participants

Les participants ont été recrutés dans le cadre de deux cours d'éducation dispensés pendant le semestre de printemps. D'autres participants d'un cours destiné aux étudiants se spécialisant dans l'éducation spécialisée ont été inclus dans l'étude. Au total, 65 enseignants en formation ont participé aux quatre administrations du TATIS, qui mesure l'attitude à l'égard de l'inclusion d'enfants autistes dans un cadre d'enseignement général. Les tableaux 3 et 4 présentent la répartition des majeures des participants et des majeures par groupe de traitement. Les étudiants du groupe "Enseignement élémentaire" acquièrent une certification pour enseigner de la petite enfance à la sixième année. Les membres du groupe "Enseignement secondaire" acquièrent un certificat pour enseigner aux élèves de la 4e à la 8e année ou dans un domaine particulier et enseigneront aux élèves de la 8e à la 12e année. Les participants du groupe "Éducation spéciale/interdisciplinaire" se spécialisent dans tous les niveaux d'éducation spéciale ou obtiennent une double certification en éducation élémentaire et en éducation spéciale. Le groupe "Autres" comprend les étudiants dont la matière principale est l'éducation physique, l'éducation artistique ou l'éducation musicale. La majorité des participants de ce groupe sont certifiés pour enseigner tous les niveaux d'éducation physique et souhaitent également devenir entraîneurs d'athlétisme. Ce groupe représente deux fois plus de participants que tous les autres groupes. La forte participation du département des sciences de l'exercice et du sport peut avoir contribué aux résultats de cette étude et justifierait des recherches plus approfondies.

Tableau 3

Majeure du participant

Principale	Nombre de participants
Enseignement élémentaire	15
Enseignement secondaire	11
Éducation spéciale/Interdisciplinaire	12
Autres	27

Tableau 4

Majorité des participants au sein du groupe de traitement

Traitement Groupe	Principale	Nombre de Les participants
Expérimental	Enseignement élémentaire	7
	Enseignement secondaire	6
	Spécial Éducation/Interdisciplinaire	7
	Autres	17
Contrôle	Enseignement élémentaire	8
	Enseignement secondaire	5
	Spécial Éducation/Interdisciplinaire	5
	Autres	13

Les tableaux 5 et 6 présentent des statistiques descriptives concernant l'âge des participants.

Les seniors en cours d'apprentissage de l'enseignement représentaient 75 % des participants. Les 25 % restants étaient des juniors.

Tableau 5

Âge des participants

Tranche d'âge	Minimum	Maximum	Moyenne	Standard Écart
20-48	20	48	24.71	7.25

Tableau 6

Répartition de l'âge des participants

Tranche d'âge	Âge du participant Distribution Fréquence	Pourcentage
20-25	52	80.0
26-30	4	6.2
30+	9	13.8

Les participants ont été invités à faire part de leur expérience de travail avec des étudiants handicapés ainsi que de leur exposition à des étudiants handicapés. Pour chaque question, les participants devaient classer leurs réponses sur une échelle de quatre points, zéro indiquant une absence d'expérience/exposition, un indiquant une expérience/exposition minimale, deux indiquant une expérience/exposition fréquente et trois indiquant une expérience/exposition importante. Les résultats sont présentés dans les tableaux 7 et 8.

Tableau 7

Expérience du travail avec des étudiants handicapés

Expérience du travail avec des étudiants handicapés

	Fréquence	Pourcentage
Aucun	14	21.5
Minime	37	56.9
Souvent	12	18.5

| Très large | 2 | 3.1 |

Tableau 8

Exposition aux étudiants handicapés

Exposition aux étudiants handicapés		
Catégories	Fréquence	Pourcentage
Aucun	4	6.2
Minime	34	52.3
Souvent	23	35.4
Très large	4	6.2

La question de recherche de cette étude était la suivante : "Les moyennes de groupe des attitudes des enseignants en formation initiale s'améliorent-elles à la suite d'une formation professionnelle ciblée sur l'intégration des élèves autistes ? Pour déterminer les attitudes des enseignants en formation à l'égard de l'inclusion des élèves autistes dans les classes d'enseignement général, les participants ont répondu au TATIS, une enquête sur l'attitude à l'égard de l'inclusion, à quatre moments successifs. Chaque administration de l'instrument est indiquée par un numéro qui suit le titre de l'instrument. Par exemple, la première administration est appelée TATIS1. La deuxième administration est appelée TATIS2. Il en va de même pour la troisième et la quatrième administration.

Hypothèses

Avant de procéder à l'analyse des données, des tests de normalité ont été effectués pour s'assurer que l'hypothèse de normalité était respectée. Les données descriptives de la normalité sont présentées dans le tableau 9. TATIS1 et TATIS3 n'étaient pas significatifs dans les tests d'asymétrie. Le TATAS2 et le TATIS4 étaient quelque peu asymétriques négativement. Toutes les administrations du TATIS étaient normalement distribuées en ce qui concerne l'aplatissement. L'examen du graphique Q-Q, tel qu'il apparaît dans les figures 1 à 4, illustre visuellement la normalité évidente de chaque administration du TATIS.

Tableau 9

Normalité des données

Administration	N Statistiques	Moyenne Statistiques	Écart-type Statistiques	Asymétrie Statistique	Std Erreur	Kurtosis Statistique	Std Erreur
TATIS1	65	43.65	8.48	-.566	.297	-.490	.586
TATIS2	65	43.57	8.31	-.702	.297	-.240	.586
TATIS3	65	41.68	10.04	-.581	.297	-.114	.586
TATIS4	65	41.97	11.39	-.708	.297	.023	586

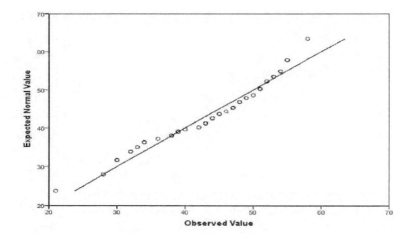

Figure 1 Graphique Q-Q TATIS1

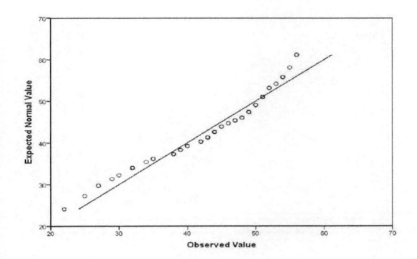

Figure 2 Graphique Q-Q TATIS2

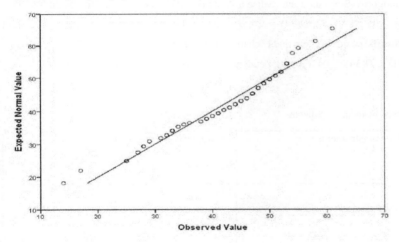

Figure 3 Graphique Q-Q TATIS3

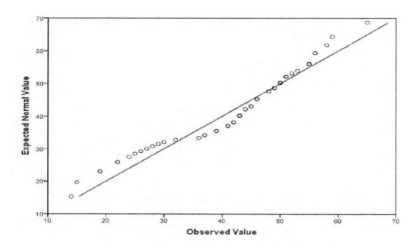

Figure 4 Graphique Q-Q TATIS4

Le test de Kolmogorov-Smirnov a été réalisé à l'aide de SPSS (*vs.* 19). Les scores du TATIS1, $D(34) = .093$, $p > .05$; TATIS2, $D(34) = .20$, $p > .05$; et TATIS3, $D(34) = .20$, $p > .05$, étaient tous non significatifs, ce qui suggère que l'échantillon est probablement normal (Field, 2009). Les scores du TATIS4, $D(34) = .042$, $p < .05$, étaient légèrement significatifs (tableau 10).

Tableau 10

Test de normalité de Kolmogorov-Smirnov

Administration des instruments	Kolmogorov-Smirnov		
	Statistiques	DF	Sig.
TATIS1	.139	34	.093
TATIS2	.124	34	.200
TATIS3	.104	34	.200
TATIS4	.153	34	.042

L'homogénéité de la variance a été testée à l'aide du test de Levene. Pour les scores de l'instrument TATIS, les variances étaient égales pour toutes les administrations (tableau 11).

Tableau 11

Test de Levene pour l'homogénéité de la variance

	F	df1	df2	Sig.
TATIS1	.068	3	61	.977
TATIS2	.070	3	61	.976
TATIS3	.043	3	61	.988
TATIS4	.586	3	61	.627

L'homogénéité de la sphéricité a été testée à l'aide du test de Mauchly. La sphéricité suppose que les variances des différences entre les groupes de traitement sont égales. Le test de Mauchley a indiqué que les hypothèses de sphéricité avaient été violées $\chi^2(5) = 32,12, p < 0,05$, ce qui indique qu'il existe des différences significatives entre les différences de variances entre les groupes, d'où des *ratios F* peu fiables (tableau 12). Pour corriger la violation de la sphéricité, une correction doit être apportée aux degrés de liberté. Une correction conservatrice peut être effectuée en utilisant la correction de Greenhouse-Geisser. Les corrections de Greenhouse-Geisser pour les degrés de liberté sont utilisées lorsque les estimations sont supérieures à 0,75.

Tableau 12

Test de sphéricité de Mauchly

A l'intérieur effets sur les sujets	Mauchly's W	Approx. Khi-deux	df	Sig.	Epsilon Serre-Plus bas... Guisser Liaison	Huynh-Feldt
	.631	27.453	5	.000	.779 333	.852 .

L'influence du développement professionnel sur les attitudes des participants

Après vérification des hypothèses, les résultats ont été analysés. L'échelle de chaque item du TATIS demande aux participants d'indiquer un 1 s'ils sont tout à fait d'accord avec l'affirmation et un 7 s'ils sont tout à fait en désaccord avec l'affirmation. Des scores bruts faibles indiquent une vision plus positive de l'inclusion. Les scores bruts sont compris entre 32 et 68. Les scores bruts pour chaque groupe sont présentés dans le tableau 13.

Tableau 13

Comparaison des moyennes et des écarts-type entre les différentes administrations de l'instrument TATIS.

Groupe de traitement	TATIS1	TATIS2	TATIS3	TATIS4
1 Moyenne	43.71	44.06	40.59	41.29
N	34.00	34.00	34.00	34.00
SD	7.54	7.64	10.38	11.04
2 Moyenne	43.58	43.03	42.87	42.71
N	31.00	31.00	31.00	31.00
SD	9.53	9.09	9.69	11.90

La moyenne brute du TATIS1 pour le groupe expérimental était de 43,71 et pour le groupe témoin de 43,58 (tableau 12). Un score de 43 se situe au 88ème percentile de l'échantillon de normalisation du TATIS, ce qui indique que tous les participants à l'étude avaient une attitude positive à l'égard de l'inclusion avant le développement professionnel. Après le développement professionnel, le score brut du groupe expérimental est passé à 40,59 (97ème percentile), ce qui représente une amélioration de l'attitude.

Un plan de mesures répétées à deux facteurs a été réalisé pour déterminer l'effet de l'augmentation des scores moyens du groupe expérimental à la suite de la participation au développement professionnel. Les scores moyens des deux groupes de traitement à chaque administration sont représentés visuellement dans la figure 5. La série 1 représente le groupe expérimental. La série 2 représente le groupe témoin. L'ANOVA à sens unique, à l'intérieur des sujets, a révélé qu'il n'y avait pas de différence significative au sein de l'échantillon entre les quatre administrations du TATIS, $F(2,26, 142,26) = 1,50, p > 0,05, \eta^2 = 0,01$, ce qui indique une petite taille d'effet. (Tableau 14) L'intervention n'explique qu'une petite partie de la variance observée dans les résultats. Cependant, cette variation peut être le résultat de l'erreur standard au sein de l'instrument. Les résultats indiquent un effet non significatif entre les sujets $F(1,63) = .087, p > .05$ (tableau 15).

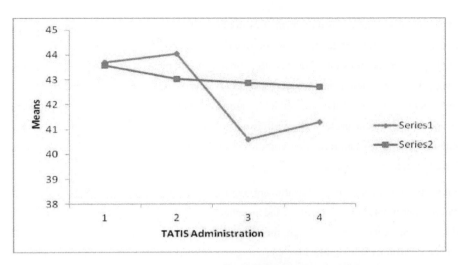

Figure 5 Estimation des moyennes marginales de l'administration de TATIS

Tableau 14

Tests des effets intra-sujet

Sessions*groupes	Type III Sommes des carrés	df	Moyenne Carré	F	Sig.
Serre-Geisser	108.044	2.261	47.779	1.496	.226
Erreur					
Serre - Geisser	4549.472	142.463	31.934		

Tableau 15

Tests des effets entre sujets

Source	Type III Sommes de Carrés	df	Moyenne Carré	F	Sig.
Interception	118428.049	1	118428.049	1562.903	.000
Groupe	6.572	1	6.572	.087	.769
Erreur	4773.788	63	75.774		

L'examen de la première et de la troisième administration du TATIS révèle des différences dans les moyennes des groupes de traitement. Les données reflètent que les moyennes du groupe expérimental (M = 43,71) et du groupe de contrôle (M = 43,58) ont montré des scores équivalents lors de la première administration du TATIS. Après le développement professionnel, les scores du groupe de contrôle sont restés constants (M = 42,87) tandis que le groupe expérimental (M = 40,49) a montré une augmentation notable de l'attitude. Les différences de moyennes indiquent que le perfectionnement professionnel offert au groupe expérimental a eu un impact sur les attitudes des enseignants en formation initiale à l'égard de l'inclusion des élèves autistes dans le cadre de l'enseignement général.

La troisième administration de l'instrument représente le moment qui suit directement le développement professionnel. *Un test t* indépendant a été réalisé pour comparer les moyennes entre le groupe expérimental et le groupe témoin. Les résultats indiquent qu'il n'y a pas de différence statistiquement significative entre le groupe expérimental ($n = 34$, $M = 40,59$, $SD = 10,38$) et le groupe de contrôle ($n = 31$, $M = 42,87$, $SD = 9,69$), $t(-.914)$, $p > .05$. Toutefois, les résultats ont indiqué une augmentation des attitudes positives à la suite du développement professionnel. Le chercheur s'attendait à démontrer une augmentation des attitudes positives à la suite du développement professionnel concernant l'inclusion des élèves autistes dans le cadre de l'enseignement général.

La prise en compte des spécialités des participants ne faisait pas partie de la question de recherche, mais des données ont été recueillies dans le questionnaire démographique. La répartition entre les disciplines était relativement égale, à l'exception des disciplines "tous niveaux", à savoir l'éducation physique, l'éducation musicale et l'art. Il y avait deux fois plus de participants dans ce groupe que dans les autres groupes. Une ANOVA à mesures répétées a été calculée pour examiner si la matière principale d'un étudiant avait une incidence sur son attitude à l'égard de l'intégration des élèves autistes. Un effet significatif a été mis en évidence lorsque l'on considère la majeure du participant dans le temps, $F(7.01, 142.53) = 2.20$, $p < .05$, $\eta^2 partiel = .098$, ce qui représente une taille d'effet importante. Une taille d'effet importante indique qu'une grande partie de la variance peut être attribuée à l'intervention et non à l'erreur. Une comparaison post hoc ajustée de Bonferroni a été effectuée pour prendre en compte la variance entre les étudiants du secondaire et ceux de l'éducation spécialisée et interdisciplinaire. Les comparaisons de Bonferroni sont considérées comme conservatrices et permettent de contrôler l'erreur de type I. Le test post hoc a révélé des différences significatives ($p < 0,05$) entre les étudiants en secondaire ($M = 48,36$, $SD = 9,15$) et les étudiants en éducation spécialisée/interdisciplinaire ($M = 35,08$, $SD = 9,27$).

CHAPITRE 5

Discussion

Cette étude visait à déterminer si un développement professionnel ciblé de deux heures et 30 minutes avait un effet sur les attitudes des enseignants en formation initiale à l'égard de l'inclusion des élèves autistes dans les classes d'enseignement général. La littérature indique que l'attitude d'un enseignant aura un effet sur la manière dont il construit l'apprentissage et sur le succès de l'apprentissage des élèves. Certaines recherches indiquent que le développement professionnel est un outil précieux pour faire évoluer les attitudes des enseignants. Sze (2009) a suggéré que la formation des enseignants en formation initiale sur les handicaps spécifiques était nécessaire pour susciter une attitude positive à l'égard de l'inclusion. Par conséquent, cette étude a utilisé le développement professionnel créé par le Texas Statewide Leadership for Autism pour faciliter une formation cohérente sur les troubles du spectre autistique dans l'ensemble de l'État. La formation a été développée à l'origine sous la forme d'un module en ligne. Les participants pouvaient accéder à la formation par l'intermédiaire de l'Education Service Center Region XIII et suivre la série de modules à leur propre rythme. Plusieurs enseignants de la région ont indiqué qu'ils préféraient une formation en direct. La formation a donc été reformatée pour inclure une présentation en direct de six heures. Six heures de formation simultanée n'étant pas disponibles pour la présente étude, la formation en direct a été modifiée en une formation de deux heures et 30 minutes afin d'inclure les éléments clés de la présentation en direct. La version de deux heures et 30 minutes a formé les participants aux caractéristiques des troubles du spectre autistique, à la communication, au comportement et aux problèmes sensoriels en utilisant l'enseignement direct, des stratégies de collaboration, des vidéos et des discussions. Pour chaque sujet, la gestion de la classe et les stratégies d'enseignement dont l'efficacité a été démontrée par la recherche ont été intégrées à l'enseignement dispensé aux élèves autistes.

Les résultats de l'étude ont montré que l'utilisation d'une formation professionnelle de deux heures et trente minutes a légèrement modifié les résultats moyens des enseignants en formation initiale du groupe expérimental, tandis que les résultats moyens du groupe de contrôle sont restés constants. Le temps consacré à la formation dans cette étude est équivalent au temps généralement consacré à l'étude des troubles du spectre autistique dans le cadre d'un cours sur les particularités, qui fait partie du programme d'études des enseignants en formation initiale. Bien qu'un léger changement dans les scores moyens du groupe expérimental ait été remarqué, cette étude soutient le travail de Jennett, Harris, et Mesibov (2003) indiquant le besoin d'une formation adéquate et suffisante dans les domaines de l'autisme et d'autres troubles du développement. D'autres recherches menées par Cook (2002) vont dans le même sens, suggérant que les programmes actuels destinés aux enseignants en formation ne sont pas suffisants pour entraîner des changements significatifs dans les attitudes des enseignants en formation à l'égard de l'inclusion.

Des recherches antérieures ont démontré que les attitudes des enseignants peuvent être un bon prédicteur du comportement (Fazio & Zanna, 1978). Les comportements tels que le placement des élèves handicapés (Agbenyega, 2007), les pratiques d'inclusion (Ross-Hill, 2009) et la mise en œuvre des meilleures pratiques (McGregor & Campbell, 2001) sont directement influencés par les attitudes, ce qui justifie la nécessité de fournir des moyens d'influencer positivement les attitudes des enseignants en formation initiale.

Les résultats ont toutefois montré que la discipline principale des participants avait un impact significatif sur leurs attitudes et sur les effets du développement professionnel qui en découlent. La plus grande différence d'attitudes a été observée entre les étudiants de l'enseignement secondaire et ceux de l'enseignement spécialisé/interdisciplinaire. En outre, à l'exception de la première administration du TATIS, les étudiants de l'enseignement secondaire ont obtenu les scores bruts les plus élevés par rapport à tous les autres étudiants. Un score brut élevé indique une mauvaise attitude à l'égard de l'inclusion et une préférence pour des environnements plus traditionnels et excluants pour les élèves autistes. Les scores des étudiants du secondaire ont continuellement augmenté, même après avoir participé à des activités de développement professionnel. Cela indique les attitudes les plus médiocres à l'égard de l'inclusion des élèves autistes dans les classes d'enseignement général. En outre, la différence entre les scores des étudiants du secondaire et ceux des étudiants en éducation spécialisée indique que lorsque les enseignants en formation initiale ont reçu une formation approfondie sur l'enseignement aux enfants handicapés, ils sont plus susceptibles d'avoir des attitudes plus positives à l'égard de l'intégration.

Comme nous l'avons noté dans la revue de la littérature, les élèves du secondaire ayant des besoins particuliers sont souvent contraints de vivre dans des environnements plus restreints en raison de l'exigence de "haute qualification" énoncée par la loi "No Child Left Behind Act" (loi sur les enfants laissés pour compte). Les élèves dont le niveau de fonctionnement est suffisamment élevé pour leur permettre d'accéder à la classe d'enseignement général sont souvent accompagnés par un paraprofessionnel ( ), qui assume souvent le rôle d'éducateur principal pour les élèves handicapés dans la classe d'enseignement général. Le paraprofessionnel est souvent physiquement proche des élèves ayant des besoins particuliers. La pratique courante veut que le professeur d'enseignement général dispense l'enseignement initial à l'ensemble de la classe, suivi par le paraprofessionnel qui peut réapprendre la matière à l'élève pour lui donner des explications et des instructions supplémentaires. Dans certains cas, c'est l'enseignant spécialisé qui collabore avec l'enseignant généraliste dans la classe d'enseignement général. Dans tous les cas, la responsabilité de l'élève est apparemment retirée à l'enseignant de l'enseignement général secondaire. En raison du manque de personnel, les paraprofessionnels et les enseignants spécialisés doivent partager leur temps entre toutes les classes d'enseignement général. Il en résulte que les élèves des classes d'enseignement général peuvent ne pas recevoir le soutien nécessaire lorsqu'ils en ont besoin. L'élève ayant des besoins particuliers se retrouve donc dans la classe d'enseignement général sans soutien extérieur, et la responsabilité revient à l'enseignant d'enseignement général qui n'a reçu qu'une formation minimale, voire aucune, en matière d'éducation des élèves ayant des besoins particuliers.

Le groupe de participants qui a montré le plus grand changement d'attitude entre la première et la troisième administration est celui des étudiants de l'enseignement élémentaire. Ce groupe a démontré une taille d'effet moyenne à grande ($d = 0,67$). La vidéo et les images de la formation professionnelle montraient de jeunes enfants et des salles de classe typiques de l'enseignement primaire. Il est possible que les étudiants du primaire soient plus familiers avec les représentations visuelles vues dans la formation et qu'ils puissent s'imaginer en train de participer aux pratiques suggérées. Au contraire, les vidéos et les images ne représentaient pas visuellement ce à quoi peut ressembler une salle de classe typique du secondaire et, par conséquent, n'ont pas établi de lien personnel avec les étudiants du secondaire qui ont participé à cette étude.

Les étudiants en éducation spécialisée et interdisciplinaire n'ont pas montré de changement d'attitude significatif à la suite du développement professionnel. Cependant, les résultats de ce groupe se situaient dans le [98e] percentile avant l'intervention et ont augmenté jusqu'au 99e percentile après l'intervention. On peut supposer que les étudiants en éducation spécialisée ayant participé à cette étude possédaient déjà une attitude à l'égard des pratiques inclusives et que l'intervention a renforcé leurs convictions. En outre, ces participants avaient déjà reçu une formation approfondie sur la prise en charge des élèves ayant des besoins particuliers, ce qui suggère que pour améliorer l'attitude de tous les enseignants, il pourrait être nécessaire d'inclure des cours en plus du cours unique sur les anomalies dans l'ensemble du cursus de formation initiale.

Implications

Comme indiqué au chapitre 3, les enseignants du secondaire et de tous les niveaux ne participent qu'à quatre cours d'éducation. Compte tenu de l'exposition limitée aux principes pédagogiques et aux élèves ayant des besoins particuliers, il n'est pas surprenant que les enseignants de l'enseignement secondaire général aient des attitudes moins favorables à l'inclusion des élèves atteints d'autisme et de troubles du développement. Compte tenu de la baisse continue de l'attitude constatée dans cette étude, on peut supposer que les informations fournies au cours d'un court développement professionnel ont pu renforcer l'attitude des majors de l'enseignement général, sachant que le soutien du personnel de l'enseignement spécialisé est limité et que les besoins des élèves sont si importants. Étant donné que la plupart des programmes d'enseignement général pour les étudiants du secondaire sont axés sur des sujets spécifiques, il pourrait être nécessaire d'augmenter le nombre de formations à l'éducation spécialisée dispensées à cette population pendant les cours de préparation à l'emploi. La recherche menée par Leblanc (2009) comprenait une formation de trois heures et 20 minutes pour les enseignants du secondaire en formation initiale et a démontré des résultats significatifs en ce qui concerne les attitudes. Cependant, dans l'étude de Leblanc, la formation a été dispensée sur deux mois et deux sessions de formation. Il pourrait être nécessaire d'offrir une formation similaire, mais sur une période plus longue, pour influer sur les attitudes des enseignants en formation initiale du secondaire.

Les implications de cette étude pour les programmes de formation des enseignants sont importantes. Les programmes de formation des enseignants du secondaire et de tous les autres niveaux sont axés sur le contenu. Toutefois, les dispositions de l'IDEA exigent que les élèves handicapés soient placés dans des classes d'enseignement général. Les établissements d'enseignement supérieur devront peut-être prendre en compte l'exposition des enseignants du secondaire et de tous les niveaux aux cours de pédagogie et à ceux qui se concentrent sur les élèves handicapés. La littérature est claire en ce qui concerne le lien direct entre les attitudes et les comportements qui en découlent. Les enseignants sans formation peuvent avoir des attitudes positives et être disposés à mettre en œuvre les meilleures pratiques, mais ils n'ont pas la base de connaissances sur laquelle peut s'appuyer pour développer leurs compétences. Nombreux sont ceux qui souffrent de ce manque d'exposition. Les élèves sont certainement concernés. Ils sont dans des classes avec des enseignants qui ont reçu une formation minimale en pédagogie et encore moins d'exposition et de formation sur les particularités. L'enseignant souffre simplement d'un manque de connaissances et de compréhension. L'école et l'agence locale pour l'éducation sont affectées lorsque les élèves handicapés participent à des tests à enjeux élevés. Les élèves des classes d'enseignement général passeront probablement l'examen général avec peu d'aménagements. Les résultats de l'examen ont un impact direct sur le statut de l'école ainsi que sur les possibilités offertes à l'élève.

Limites

L'une des limites de cette étude concerne les modifications apportées à l'intervention. Le développement professionnel a été conçu à l'origine sous la forme d'un module en ligne destiné à un usage individuel. À la demande des enseignants en exercice, le module a été converti en un modèle de formation en direct d'une durée de six heures. Les participants à cette étude n'étaient pas disponibles pour une période continue de six heures. Par conséquent, le chercheur a modifié la présentation en direct et l'a réduite à une présentation de deux heures et trente minutes pour répondre aux demandes des participants. La modification comprenait les éléments clés de la formation originale ; cependant, elle excluait une grande partie des activités pratiques qui prenaient beaucoup de temps. Ainsi, les participants n'ont pas eu l'occasion de s'engager pleinement dans les discussions de groupe, comme le souhaitait le chercheur pour aider à clarifier les concepts. Des discussions de groupe plus approfondies auraient pu mettre en lumière certaines des préoccupations des étudiants du secondaire, ce qui aurait permis de les expliquer et de les instruire davantage.

L'utilisation de deux classes distinctes peut constituer une autre limite de cette étude. Cette méthode a été choisie pour accéder à des étudiants à différents niveaux de leur formation. Un groupe d'étudiants suivait un cours qui est généralement suivi jusqu'à trois semestres avant le stage d'enseignement. En fait, dans de nombreux cas, il s'agit de l'un des premiers cours suivis par les étudiants en sciences de l'éducation. Le second groupe de participants était en stage d'enseignement et avait terminé tous les cours requis pour l'obtention du diplôme. Bien que cela ne fasse pas partie de la question de recherche de cette étude, le chercheur a examiné les différences de moyennes entre les deux groupes lors de la troisième administration du TATIS et aucune différence significative n'a été notée ($p > .05$). L'utilisation des deux groupes peut avoir été limitée par le fait que l'administration du TATIS et le développement professionnel n'ont pas eu lieu au même moment. Le calendrier a été ajusté pour chaque cours en fonction des exigences du professeur, des conférences qui ont eu lieu au milieu de l'étude, ainsi que des vacances de printemps qui ont eu lieu avant l'administration finale du TATIS. L'incohérence dans l'administration du TATIS a permis aux participants de disposer de plus ou moins de temps entre les occasions de répondre aux questions de l'enquête, ce qui peut avoir créé des effets de report ou des pertes de mémoire concernant la matière apprise.

Cette étude a pu être limitée par le fait que le chercheur a administré à la fois l'instrument TATIS et le développement professionnel. Le chercheur enseigne généralement des cours d'éducation spécialisée à l'université où s'est déroulée cette étude. Pour tenir compte de la partialité du chercheur, ce dernier a opté pour une conception purement quantitative afin d'éviter toute partialité dans l'interprétation des résultats. Une étude qualitative aurait pu permettre un biais du chercheur lors du codage et de l'interprétation des réponses des participants, étant donné que le chercheur connaissait l'enseignement antérieur et les performances des élèves. Une étude quantitative n'a pas permis au chercheur de porter un jugement sur les réponses des participants, mais seulement d'enregistrer les résultats de l'instrument TATIS.

Enfin, le petit échantillon de participants provenant d'une seule université privée ne permet pas de généraliser. Pour reproduire cette étude, il faudrait inclure des étudiants d'universités publiques plus grandes et plus diversifiées. En outre, une répartition plus équilibrée des filières pourrait être utile pour l'analyse des données. Cette étude comptait deux fois plus de participants "tous niveaux" que dans tout autre groupe, ce qui peut avoir eu un impact sur les résultats.

Recherche future

Cette étude ouvre de nombreuses perspectives pour les recherches futures. La principale limite relevée a été la modification de l'intervention, qui est passée d'une présentation de six heures à une présentation de deux heures et trente minutes. Une option de recherche possible consisterait à reproduire l'étude telle qu'elle a été conçue et à proposer une présentation complète de six heures. Cela pourrait avoir des effets significatifs sur l'attitude des enseignants en formation à l'égard de l'intégration des élèves autistes dans les classes d'enseignement général. De même, on pourrait proposer l'intervention sous la forme d'une présentation en direct de six heures à un groupe et le module en ligne à un groupe secondaire à des fins de comparaison.

Cette possibilité de recherche future représente une information importante. Les modules et les présentations en direct ont été élaborés à la demande de l'Agence de l'éducation du Texas afin de fournir des informations cohérentes aux enseignants de l'État du Texas. Pour approfondir la recherche à l'aide du matériel de formation élaboré par le réseau de l'État du Texas sur l'autisme, il serait nécessaire d'identifier les objectifs de la formation. Par exemple, le concepteur avait-il l'intention d'accroître les connaissances sur l'autisme, de fournir des stratégies pour enseigner aux élèves autistes ou d'influer sur les attitudes des enseignants ? Une fois le(s) objectif(s) déterminé(s), une recherche sur les résultats serait appropriée et nécessaire. En ces temps de contraintes budgétaires, d'augmentation du nombre d'élèves diagnostiqués autistes et d'accroissement des taux d'inclusion, il est vital de savoir si les ressources monétaires limitées atteignent effectivement les objectifs visés.

Il conviendrait de poursuivre les recherches concernant l'impact des attitudes sur les comportements au niveau de la formation initiale. Plus précisément, la littérature précédente s'est concentrée sur les enseignants en formation initiale dans leur ensemble. Cette étude est allée plus loin pour mettre en lumière les différences observées en fonction de la spécialité choisie par les étudiants. Des recherches supplémentaires devraient être menées dans les différents établissements qui offrent aux enseignants du secondaire et de tous les niveaux des possibilités supplémentaires de formation à l'éducation. La littérature décrit le besoin d'une formation suffisante. Leblanc (2009) a constaté une amélioration de l'attitude après trois heures et 20 minutes de formation sur une période de deux mois. Kosko et Wilkins (2009) ont constaté que les changements en matière d'efficacité personnelle doublaient après huit heures de développement professionnel. Il semble évident que le temps alloué à la formation ainsi que sa mise en œuvre, en termes de durée entre les sessions, sont cruciaux et nécessitent des recherches plus approfondies.

Enfin, des recherches futures devraient être menées sur la relation entre les attitudes, les comportements qui en découlent et l'auto-efficacité. Almog et Shechtman (2007) affirment que les comportements adoptés par les enseignants et leurs pratiques décisionnelles sont régis par le niveau d'auto-efficacité de l'enseignant. Berry (2010) a mené des recherches démontrant le lien entre le rôle de l'auto-efficacité et le développement des attitudes des enseignants en formation. Les résultats confirment les études antérieures de Carroll et al. (2003) et de Taylor et Sobel (2001) indiquant un manque de confiance dans leurs capacités à enseigner dans un environnement inclusif. Chacun de ces concepts doit être examiné plus en détail à la lumière des conclusions de cette étude concernant la spécialité choisie par les enseignants en formation.

Conclusion

La littérature antérieure indique la valeur du développement professionnel et son impact sur les attitudes des enseignants à l'égard de l'inclusion d'élèves atteints d'autisme et d'autres troubles du développement dans les classes d'enseignement général. Cette étude visait à examiner l'évolution des scores moyens d'une enquête sur les attitudes des enseignants en formation après leur participation à un programme de développement professionnel. Les scores moyens au TATIS sont restés constants pour les participants qui n'ont pas bénéficié d'une formation professionnelle. En revanche, les scores moyens au TATIS des enseignants en formation initiale qui ont bénéficié d'un développement professionnel ont montré une augmentation de l'attitude positive. Tous les enseignants doivent être formés à l'enseignement des élèves handicapés. Les élèves handicapés sont continuellement placés dans des classes d'enseignement général. Les classes d'enseignement général comprennent les classes traditionnelles ainsi que d'autres classes telles que l'art, la musique et l'éducation physique. Les enseignants doivent acquérir les compétences nécessaires pour enseigner efficacement aux élèves handicapés par le biais du développement professionnel. Le développement professionnel est proposé pendant la formation continue, mais les enseignants n'y ont souvent pas accès en raison de contraintes financières. C'est au cours des années de formation initiale que les enseignants ont le plus d'opportunités de recevoir la formation nécessaire pour enseigner aux étudiants handicapés. Cette étude a démontré une légère amélioration des attitudes des enseignants en formation initiale dans l'ensemble. Toutefois, ce changement pourrait être dû à l'erreur standard de l'instrument. Les résultats indiquent une différence significative entre les groupes participant à la recherche. La diminution de l'attitude des enseignants en formation dans le secondaire indique la nécessité d'une formation plus poussée que celle qui est généralement dispensée. Leblanc (2009) a noté

une amélioration de l'attitude au sein de ce groupe après deux sessions de formation sur une période de deux mois. Les enseignants en formation initiale au niveau secondaire seront certainement amenés à interagir avec des étudiants atteints d'autisme et ont besoin d'une formation adéquate et appropriée pour instruire efficacement les étudiants de cette population. Les enseignants en formation initiale au niveau élémentaire ont fait preuve de la plus grande amélioration en termes d'attitude, bien qu'ils n'aient pas atteint le même niveau que le groupe d'éducation spécialisée/interdisciplinaire. Le groupe comprenant l'éducation physique, la musique et l'éducation artistique à tous les niveaux a également montré une légère amélioration de ses attitudes, mais elle n'a pas atteint le niveau des participants de l'enseignement primaire. Ces résultats indiquent qu'une formation supplémentaire est nécessaire pour influencer les attitudes des enseignants en formation initiale concernant l'inclusion des élèves atteints de troubles du spectre autistique dans les classes d'enseignement général.

ANNEXES

Annexe A

Échelle des attitudes des enseignants à l'égard de l'inclusion (TATIS)

Instructions : L'objectif de cette enquête confidentielle est d'obtenir une évaluation précise et valide de vos perceptions de l'inclusion des élèves présentant des handicaps légers à modérés dans les classes ordinaires. Elle contient également des questions relatives à vos croyances sur les rôles professionnels, à vos attitudes envers la collégialité et à vos perceptions de l'efficacité de l'inclusion (c'est-à-dire si vous croyez ou non que l'inclusion peut réussir). Comme il n'y a pas de "bonnes" ou de "mauvaises" réponses à ces questions, veuillez répondre franchement.

Définition de l'inclusion totale : Dans le cadre de cette enquête, l'inclusion totale est définie comme l'intégration d'élèves souffrant de handicaps légers à modérés dans des classes ordinaires pendant 80 % ou plus de la journée scolaire. Selon les lois fédérales sur l'éducation spéciale, les handicaps légers à modérés comprennent les difficultés d'apprentissage, les déficiences auditives, les déficiences visuelles, les handicaps physiques, les troubles de l'attention, les troubles de la parole et du langage et les troubles émotionnels légers à modérés, le retard mental, l'autisme ou les lésions cérébrales traumatiques.

Utilisez l'échelle suivante pour toutes les questions :

1=Très d'accord (AVS), 2=Très d'accord (SA), 3=Accord (A), 4=Pas d'accord
ni en désaccord (NAD), 5=Désaccord (D), 6=Désaccord fort (SD), 7=Désaccord très fort (DVS).
fortement (DVS)

		1	2	3	4	5	6	7
1.	Tous les élèves souffrant d'un handicap léger ou modéré devraient être éduqués en	AVS	SA	A	NAD	D SD	DVS	
	les classes ordinaires avec des camarades non handicapés, dans toute la mesure du possible.	1	2	3	4	5	6	7
2.	Il est rarement nécessaire de retirer les élèves souffrant d'un handicap léger ou modéré des classes ordinaires pour répondre à leurs besoins éducatifs ( ).	1	2	3	4	5	6	7
3.	La plupart ou la totalité des classes séparées qui accueillent exclusivement des élèves présentant des handicaps légers ou modérés devraient être supprimées.	1	2	3	4	5	6	7
4.	La plupart ou la totalité des classes ordinaires peuvent	1	2	3	4	5	6	7

	être modifiées pour répondre aux besoins des élèves présentant des handicaps légers ou modérés.							
5.	Les élèves souffrant d'un handicap léger ou modéré ne devraient pas être enseignés dans des classes ordinaires avec des élèves non handicapés, car ils exigeraient trop de temps de la part de l'enseignant.	1	2	3	4	5	6	7
6.	L'inclusion est un modèle plus efficace pour éduquer les élèves souffrant de handicaps légers à modérés, car elle réduit le temps de transition (c'est-à-dire le temps nécessaire pour passer d'un environnement à un autre).	1	2	3	4	5	6	7
7.	Les élèves souffrant d'un handicap léger ou modéré ne devraient pas être enseignés dans des classes ordinaires avec des élèves non handicapés, car ils exigeraient trop de temps de la part de l'enseignant.	1	2	3	4	5	6	7
8.	J'ai des doutes quant à l'efficacité de l'intégration des élèves présentant des handicaps légers/modérés dans les classes ordinaires, car ils n'ont souvent pas les compétences académiques nécessaires pour réussir.	1	2	3	4	5	6	7
9.	J'ai des doutes quant à l'efficacité de l'intégration des élèves présentant des handicaps légers/modérés dans les classes ordinaires, car ils manquent souvent des compétences sociales nécessaires pour réussir.	1	2	3	4	5	6	7
10.	Je trouve que les enseignants généralistes ne réussissent souvent pas avec les élèves présentant des handicaps légers ou modérés, même s'ils font de leur mieux.							
11.	Je serais heureux d'avoir l'occasion d'enseigner en équipe comme modèle pour répondre aux besoins des élèves ayant des déficiences légères/modérées.	1	2	3	4	5	6	7
	handicapés dans les classes ordinaires.	1	2	3	4	5	6	7
12.	Tous les élèves bénéficient de l'esprit d'équipe l'enseignement, c'est-à-dire le jumelage d'un enseignant généraliste et d'un enseignant spécialisé dans la même classe . La responsabilité de l'éducation	1	2	3	4	5	6	7
13.	des élèves présentant des déficiences légères/modérées dans les classes ordinaires devrait être partagée entre les enseignants généralistes et les enseignants spécialisés.	1	2	3	4	5	6	7
14.	Je serais heureux d'avoir l'occasion de participer à un modèle d'enseignant consultant (c'est-à-dire des réunions régulières de collaboration entre	1	2	3	4	5	6	7

l'enseignant spécialisé et l'enseignant d'éducation générale pour partager des idées, des méthodes et du matériel) comme moyen de répondre aux besoins des étudiants ayant des handicaps légers/modérés dans les classes régulières.	

Annexe B

Consentement éclairé à la participation à une étude de recherche

Au participant,

Ce formulaire sollicite votre consentement à participer à une étude de recherche éducative. Cette étude évaluera l'attitude des enseignants en formation à l'égard de l'intégration d'enfants handicapés, en particulier autistes, dans une classe d'enseignement général avant et après une formation professionnelle sur les troubles du spectre autistique. Au cours de la recherche, les étudiants participants rempliront un questionnaire démographique et quatre questionnaires d'attitude sur une période de quatre semaines. Les participants assisteront à une formation professionnelle de trois heures qui sera dispensée pendant une période de cours régulière. La participation à cette étude n'aura pas d'incidence sur la capacité de l'étudiant à terminer les cours obligatoires.

Les données seront collectées par Kris Ward, étudiant en doctorat à l'Université Baylor, dans le cadre d'un projet de thèse. Il n'y a pas de risques physiques, psychologiques et/ou sociologiques connus. Toutes les données collectées seront totalement anonymes afin de garantir la confidentialité des participants. Toutes les données seront éliminées à la fin de l'étude. Les informations démographiques des participants resteront confidentielles lorsqu'elles seront citées dans l'étude. Les avantages de votre participation peuvent inclure une meilleure connaissance des meilleures pratiques d'enseignement pour les élèves atteints de troubles du spectre autistique.

Votre signature ci-dessous constitue votre consentement et votre volonté de participer à cette étude . Il n'y a pas de pénalité en cas de non-participation et votre participation peut être retirée de l'étude à tout moment, également sans pénalité ni perte d'avantages. Si vous choisissez de participer à l'étude de recherche éducative, veuillez renvoyer ce formulaire de consentement signé. Si vous avez des questions ou des préoccupations, n'hésitez pas à contacter Kris Ward par téléphone au bureau au 254-295-4946 ou par courriel à kris_ward1@baylor.edu. Vous pouvez également contacter Julie Ivey-Hatz au 254-710-7584 à l'université Baylor. Les demandes concernant la nature du chercheur, vos droits en tant que sujet ou tout autre aspect de votre participation peuvent être adressées au Comité universitaire de protection des sujets humains de

Baylor par l'intermédiaire du président, le Dr Michael E. Sherr, Chair IRB, Baylor University, One Bear Place #97320, Waco, TX 76798-7320 ou par téléphone au 254-710-4483.

J'ai lu et compris ce formulaire et je suis conscient(e) de mes droits en tant que participant(e). J'ai accepté de participer à l'étude sur la base des informations fournies. Une copie du formulaire signé me sera remise.

Signature du participant
_____
Nom du participant

Annexe C

Questionnaire démographique

ID :

Âge : Sexe : _____

Major : _____ Classification :

Dans quelle mesure avez-vous eu l'occasion de travailler avec des élèves autistes ou souffrant d'autres handicaps ?

Aucune Minimale   Souvent   Très étendu

Dans quelle mesure avez-vous été exposé, sans être directement impliqué, à des personnes handicapées ?

Aucune Minimale   Souvent   Très étendu

Annexe D

Schéma de développement professionnel

Autisme et enseignement général

- o Le spectre de l'autisme
- o Sous-catégories de l'autisme
- o Causes
- o Statistiques
  - • Statistiques les plus récentes du CDC ; 1:88

- Diagnostic et éligibilité aux services d'éducation spéciale
- Indicateurs précoces communs
  * Moins de bavardage
  * Moins de contact visuel pendant la tétée
- Triade de déficiences : communication, sociales, comportements restreints ou inhabituels
- Différences d'apprentissage uniques
  * Vidéo d'un enfant autiste d'âge élémentaire démontrant une compréhension unique de l'alphabet

Culture d'accueil en classe

- Attitude positive et d'acceptation
- Implication de la famille
  * Communiquer régulièrement avec la famille
- Rassembler des informations et une équipe
  * Recherche sur l'autisme
  * Rencontre avec le personnel d'appui
- Préparer l'élève/les pairs
  * Préparer les pairs en leur fournissant des informations sur l'autisme
  * Préparer l'élève à l'aide de photos de l'école, d'une visite de la classe, d'un programme visuel
- Liens avec le programme d'études
  * Promouvoir la généralisation des compétences dans l'ensemble du programme d'études
- Considération sensorielle
  * Tenir compte de l'éclairage, du bruit, des odeurs
- Renforcement/motivation
  * Apprendre la valeur du renforcement et les moyens de le mettre en œuvre avec succès
  * Motiver en s'appuyant sur les intérêts des élèves
- S'attendre à la réussite

Importance de la communication

- o Caractéristique de la communication
- • Activité demandant aux participants de raconter une histoire sans utiliser de mots
- o La communication entraîne un comportement
- o Utilisation/modélisation de la langue
- o Que peuvent faire les éducateurs ?
- • Démonstration de l'attention conjointe : montrer le tableau et annoncer que les devoirs y sont inscrits. Démontrez que l'absence d'attention conjointe peut amener l'élève autiste à mal comprendre l'annonce.

Planifier les stratégies d'enseignement

- o Stratégies visuelles
- • Fournir à chaque participant un programme visuel de la session
- • Démontrer les moyens de manipuler le calendrier visuel
- o Conception universelle de l'enseignement
- • Démontrer les moyens de différencier
- o Structure de la classe
- • Photographies des systèmes d'organisation
- • Photographies de l'agencement de la salle de classe
- • Photographies de l'espace de travail de l'étudiant
- o Compétences sociales
- o Modélisation par les pairs

RÉFÉRENCES

Agbenyega, J. (2007). Examiner les préoccupations et les attitudes des enseignants à l'égard de l'éducation inclusive au Ghana. *International Journal of Whole Schooling, 3*, 41-56.

Alghazo, E. M., Dodeen, H. et Algaryouti, I. A. (2003). Attitudes of pre-service teachers towards personas with disabilities : Predictions for the success of inclusion.

College Student Journal, 37, 515-522.

Almog, O. et Shechtman, Z. (2007). Teachers' democratic and efficacy beliefs and styles of coping with behavioral problems of pupils with special needs (Croyances démocratiques et d'efficacité des enseignants et styles de gestion des problèmes de comportement des élèves ayant des besoins particuliers). *European Journal of Special Needs Education, 22*,115-129.

Association psychiatrique américaine. (1994). Manuel diagnostique et statistique des troubles mentaux. (4e éd.). Washington, DC : Auteur.

Armor, D., Conroy-Wsequera, P., Cox, M., King, N., McDonnell, L., Pascal, A., Pauly, E., & Zellman, G. (1976). *Analysis of the school preferred reading programs in selected Los Angeles minority schools* (Report No. R-2007-LAUSD). Santa Monica, CA : Rand Corporation.

Avramidis, E., Bayliss, P. et Burden, R. (2000). A survey into mainstream teachers' attitudes towards the inclusion of children with special educational needs in the ordinary school in one local education authority. *Educational Psychology, 20*, 191-212.

Avramidis, E. et Norwich, B. (2002). Teachers' attitudes towards integration/inclusion : a review of the literature. *European Journal of Special Needs Education, 17*, 129147.

Bakeman, R. (2005). Recommended effect size statistics for repeated measures designs (statistiques recommandées sur la taille de l'effet pour les modèles à mesures répétées). *Behavior Research Methods, 37*, 379-384.

Bandura, A. (1977a). Self-efficacy : Toward a unifying theory of behavioral change. *Psychological Review, 84*, 191-215.

Bandura, A. (Ed.) (1977b). Social Learning Theory. Englewood Cliffs, NJ : PrenticeHall, Inc.

Baron-Cohen, S. (2008). Autisme et syndrome d'Asperger : The Facts. NY : Oxford University Press.

Beare, P. (1985). Regular classroom teachers' attitudes toward mainstreaming the emotionally disturbed : Peut-on les changer ? (Rapport n° EC171390). Minnesota : Handicapped and Gifted

Children.

Beirne-Smith, M., Patton, J. R., & Kim, S. H. (2006). Mental Retardation An Introduction to Intellectual Disabilities. (7th ed.). Upper Saddle River, NJ : Pearson Education Inc.

Bennett, T., DeLuca, D. et Bruns, D. (1997). Putting inclusion into practice : Perspectives of teachers and parents. *Exceptional Children, 64*(1), 115-131.

Berman, P. et McLaughlin, M. (1977). Federal programs supporting educational change, Volume II : *Factors affecting implementation and continuation* (Report No R-1589/7-HEW). Santa Monica, CA : Rand Corporation.

Berry, R. A. W. (2010). Preservice and early career teachers' attitudes toward inclusion, instructional accommodations, and fairness : Three profiles. *The Teacher Educator, 45,* 75-95.

Block, M. E. et Obrusnikova, I. (2007). Inclusion in physical education : A review of the literature from 1995-2005. *Adapted Physical Activity Quarterly, 24,* 103-124.

Brophy, J. E. et McCaslin, M. (1992). Teacher's reports of how they perceive and cope with problem students. *Elementary School Journal, 93,* 3-67.

Campbell, J. (2003). Objectifs 2000 : Une proposition de réforme modeste". *Research for Education Reform, 18,* 40-46.

Carroll, A., Forlin, C. et Jobling, A. (2003). The impact of teacher training in special education on the attitudes of Australian preservice general educators towards people with disabilities. *Teacher Education Quarterly, 30,* 65-79.

Center, Y. et Ward, J. (1987). Teachers' attitudes towards the integration of disabled children into regular schools. *The Exceptional Child, 34,* 41-56.

Combs, S., Elliott, S. et Whipple, K. (2010). Elementary physical education teachers' attitudes toward the inclusion of children with special needs : A qualitative investigation. *International Journal of Special Education, 25,* 114-125.

Cook, B. G. (2002). Inclusive attitudes, strengths, and weaknesses of pre-service general educators enrolled in a curriculum infusion teacher preparation program. *Teacher Education and Special Education, 25,* 262-277.

Cullen, J., Gregory, J. L. et Noto, L. A. (2010). The teacher attitudes toward inclusion scale (TATIS). Document ou séance d'affichage présenté à la réunion de l'Eastern Educational Research Association, Sarasota, FL.

Cullen, J. et Noto, L. (2007). The assessment of pre-service general education teachers' attitudes toward the inclusion of students with mild to moderate disabilities. *Journal for the Advancement of Educational Research, 3,* 23-33.

de Boer-Ott, S. R. (2005). General education teachers experience and perceptions regarding inclusive education and the inclusion of students with autism spectrum disorders. *ProQuest Dissertations and Theses.*

DeSimone, J. R., et Parmar, R. S. (2006). Middle school mathematics teachers' beliefs about inclusion of students with learning disabilities. *Learning Disabilities Research & Practice, 21,* 98-110.

Detres, M. (2005). Hispanic female high school students with special needs : Inclusion ou exclusion. (Thèse de doctorat, Walden University, 2005)'. *Dissertation Abstracts International, 66,* 21-69.

Downing, J. (2004). Related services for students with disabilities : Introduction au numéro spécial. *Intervention in School and Clinic, 39,* 195-208.

Eldar, E., Talmor, R. et Wolf-Zukerman, T. (2010). Succès et difficultés dans l'inclusion individuelle des enfants atteints de troubles du spectre autistique (TSA) aux yeux de leurs coordinateurs. *International Journal of Inclusive Education, 14,* 97-114.

Ellins, J. et Porter, J. (2005). Departmental differences in attitudes to special educational needs in the secondary school. *British Journal of Special Education, 32,* 188-195.

Fazio, R. H. et Zanna, M. P. (1978). On the predictive validity of attitudes : the roles of direct experience and confidence. *Journal of Personality, 46,* 228-243.

Foreman, P., Arthur-Kelly, M., Pascoe, S. et King, B. S. (2004). Evaluating the educational experiences of children with profound and multiple disabilities in inclusive and segregated classroom setting : An Australian perspective. *Research and Practice for Persons with Severe Disabilities, 9,* 183-193.

Friedman, I. (2003). Self-efficacy and burnout in teaching : The importance of interpersonal-relations efficacy. *Social Psychology of Education, 6,* 191-215.

Gary, P. L. (1997). The effect of inclusion on non-disabled children ; a review of the research. *Contemporary Education, 68,* 4.

Gibson, S. et Dembo, M. H. (1984). Teacher efficacy : A construct validation. *Journal of*

Educational Psychology, 76, 569-582.

Grusec, J. E. (1992). Social learning theory and developmental psychology : The legacies of Robert Sears and Albert Bandura. *Developmental Psychology, 28,* 776-786.

Hammond, H. et Ingalls, L. (2003). Teachers' attitudes toward inclusion : survey results from elementary school teachers in three southwestern rural school districts. *Rural Special Education Quarterly, 22,* 24-30.

Harding, S. (2009). Les modèles d'inclusion réussis pour les élèves handicapés nécessitent un leadership fort sur le site : L'autisme et les troubles du comportement créent de nombreux défis pour l'environnement d'apprentissage. *International Journal of Learning, 16*(3), 91-103.

Hastings, R. P. et Graham, S. (1995). Adolescents' perceptions of young people with severe learning difficulties : The effects of integration schemes and frequency of contact. *Educational Psychology, 15,* 149-159.

Hwang, Y. S. et Evans, D. (2011). Attitudes toward inclusion : Gaps between belief and practice. *International Journal of Special Education, 26,* 136-146.

Idol, L. (2006). Toward inclusion of special education students in general education. *Remedial and Special Education, 27,* 77-94.

Individuals with Disabilities Education Act, (1994) 20 U.S.C. §§ 1412, 1414 ; 34 C.F.R. Part 300 ; Fifth Circuit Federal Court of Appeals ; Office of Special Education Programs.

Jenkins, A. et Ornelles, C. (2007). Pre-service teachers' confidence in teaching students with disabilities : addressing the INTASC standards. *The Electronic Journal for Inclusive Education, 2*(2), http://www.ed.wright.edu/~prenick/Winter Spring 08/Winter Spring 08.html.

Jenkins, A. et Ornelles, C. (2009). Determining professional development needs of general educators in teaching students with disabilities in Hawai'i (Déterminer les besoins de développement professionnel des éducateurs généraux pour enseigner aux étudiants handicapés à Hawai'i). *Professional Development in Education, 35,* 635-654.

Jennett, H. K., Harris, S. L. et Mesibov, G. B. (2003). Commitment to philosophy, teacher efficacy, and burnout among teachers of children with autism. *Journal of Autism and Developmental Disorders, 33,* 583-593.

Jones, V. (2007). I felt like I did something good' - the impact on mainstream pupils of a peer tutoring programme for children with autism. *British Journal of Special Education, 34,* 3-9.

Jordan, A., Kircaali-Iftar, G. et Diamond, P. (1993). Who has a problem, the student or the teacher ? Differences in teachers' beliefs about their work with at-risk and integrated exceptional students. *International Journal of Disability, Development and Education, 40*, 45-62.

Jull, S. (2006). Auto-graph : considering the utility of student behavior self-monitoring for inclusive schools. *Journal of Research in Special Educational Needs, 6*(1), 1730.

Kanner, L. (1943). "Autistic disturbances of affective contact". *Acta Paedopsychiatrica [Acta Paedopsychiatr], 35*, 100-136.

Kilanowski-Press, L., Foote, C. et Rinaldo, V., (2010). Inclusion classrooms and teachers : A survey of current practices. *International Journal of Special Education, 25*, 43-56.

Kim, Y. S., Bennett, L., Yun-Joo, K., Fombonne, E., Laska, E., Lim, E., Cheon, K., Kim, S., Kim, Y., Lee, H., Song, D. et Grinker, R. R. (2011). Prevalence of autism spectrum disorders in a total population sample (Prévalence des troubles du spectre autistique dans un échantillon de population totale). *American Journal of Psychiatry, 168*, 904-912.

Kirk, R. E. (1995). *Experimental Design : Procedures for the Behavioral Sciences*. (3rd ed.). Brooks/Cole Publishing Co.

Kogan, M., Blumberg, S., Schieve, L., Boyle, C., Perrin, J., Ghandour, R., Perrin, M., Ghandour, R. M., Singh, G. K., Strickland, B. B., Trevathan, E., & van Dyck, P. C. (2009). Prévalence du diagnostic de troubles du spectre autistique rapporté par les parents chez les enfants aux États-Unis, 2007. *Pediatrics, 124*, 1395-1403.

Kosko, K. W. et Wilkins, J. L. M. (2009). General educators' in-service training and their self-perceived ability to adapt instruction for students with IEPs. *The Professional Educator, 33*, 1-10.

Leblanc, L., Richardson, W. et Burns, K. A. (2009). Autism spectrum disorder and the inclusive classroom. Une formation efficace pour améliorer les connaissances sur les TSA et les pratiques fondées sur des données probantes. *Teacher Education and Special Education, 32*(2), 166-179.

Lifshitz, H., Glaubman, R. et Issawi, R. (2004). Attitudes towards inclusion : The case of Israeli and Palestinian regular and special education teachers. *European Journal of Special Needs Education, 19*, 171-190.

Lin, H., Gorrell, J. et Taylor, J. (2002). Influence of culture and education on US and Taiwan preservice teachers' efficacy beliefs. *Journal of Educational Research, 96*, 37-46.

Lopes, J. A., Monteiro, I., Sil, V., Rutherford, R. B. et Quinn, M. M. (2004). Teachers' perceptions about teaching problem students in regular classrooms. *Education and Treatment of Children, 27*, 394-419.

Loreman, T. et Earle, C. (2007). The development of attitudes, feelings, and concerns about inclusive education in a content-infused Canadian teacher preparation program . *Exceptionality Education Canada, 17*, 85-106.

Loreman, T., Forlin, C. et Sharma, U. (2007). An international comparison of preservice teacher attitudes towards inclusive education. *Disability Studies Quarterly, 27*(4). http://www.dsq-sds.org.

McGregor, E. et Campbell, E. (2001). The attitudes of teachers in Scotland to the integration of children with autism into mainstream schools. *Autism, 5*, 189-207.

McLeskey, J., Rosenberg, M. S. et Westling, D. L. (2010). Inclusion Effective Practices for all Students. Upper Saddle River, NJ : Pearson Education Inc.

Moore, C., Gilbreath, D. et Mauiri, F. (1998). Educating students with disabilities in general education classrooms : A summary of the research. Disponible en ligne à l'adresse suivante : http://interact. Uoregon.edu/wrrc/AKInclusion.htm/.

National Academy of Sciences - National Research Council, W., & National Academy of Sciences - National Research Council, W. (2001). *L'éducation des enfants autistes*.

Norrell, L. (1997). A case for responsible inclusion. *Teaching PreK-8, 28*, 1-7.

Odom, S., Brown, W., Frey, T., Karasu, N., Smith-Canter, L. et Strain, P. (2003).

Evidence-based practices for young children with autism : contributions for singlesubject design research. *Focus on Autism & Other Developmental Disabilities, 18*, 166-175.

Park, M., Chitiyo, M. et Choi, Y. S. (2010). Examining pre-service teachers' attitudes towards children with autism in the USA. *Journal of Research in Special Educational Needs, 10*, 107-114.

Pianta, R. C. (1992). *Student-Teacher Relationship Scale*. Université de Virginie, Charlottesville, VA.

Reindal, S. M. (2010). Quel est l'objectif ? Réflexions sur l'inclusion et l'éducation spéciale du point de vue des capacités. *European Journal of Special Needs Education, 25*, 1-12.

Rice, C. (2007). Prevalence of autism spectrum disorders --- autism and developmental monitoring disabilities network, six sites, United States. Morbidity and Mortality Weekly Report.

56(SS01), 1-11.

Robertson, K., Chamberlain, B. et Kasari, C. (2003). General education teachers' relationships with included students with autism. *Journal of Autism and Developmental Disorders, 33*, 123-130.

Romi, S. et Leyser, Y. (2006). Exploring inclusion pre-service training needs : a study of variables associated with attitudes and self-efficacy beliefs. *European Journal of Special Needs Education, 21*, 85-105.

Rose, D. F. et Smith, B. J. (1992). Attitude barriers and strategies for preschool mainstreaming. (Rapport n° ED350758). Pittsburgh, PA : Allegheny-Singer Research Institute.

Ross-Hill, R. (2009). Teacher attitude towards inclusion practices and special needs students. *Journal of Research in Special Educational Needs, 9*, 188-198.

Ryan, T. G. (2009). Inclusive attitudes : a pre-service analysis. *Journal of Research in Special Educational Needs, 9*, 180-187.

Salend, S. et Duhaney, L. (1999). The impact of inclusion on students with and without disabilities and their educators. *Remedial and Special Education, 20*, 114-126.

Scruggs, T. et Mastropieri, M. (1996). Teacher perceptions of mainstreaming/inclusion, 1958-1995. A research synthesis. *Exceptional Children, 63*, 59-74.

Sharma, U., Ed, J. et Desai, I. (2003). A comparison of Australian and Singaporean preservice teachers' attitudes and concerns about inclusive education. *Teaching and Learning, 24*, 207-217.

Sharma, U., Forlin, C. et Loreman, T. (2008). Impact of training on pre-service teachers' attitudes and concerns about inclusive education and sentiments about persons with disabilities. *Disability & Society, 23*, 773-785.

Sharma, U., Forlin, C., Loreman, T. et Earle, C. (2006). Pre-service teachers' attitudes, concerns and feelings about inclusive education : an international comparison of the novice pre-service teacher. *International Journal of Special Education,* 21, 8093.

Silverman, J. C. (2007). Epistemological beliefs and attitudes toward inclusion in preservice teachers. *Teacher Education and Special Education, 30*, 42-51.

Sims, H. P. Jr. et Lorenzi, P. (1992) The New Leadership Paradigm. Newberry Park, CA : Sage Publications.

Snowden, D. (2003). Managing for serendipity or why we should lay off "best practices" in KM.

Knowledge Management, 6, 8.

Soodak, L. C. et Podell, D. M. (1993). Teacher efficacy and student problem as factors in special education referral. *Journal of Special Education, 27*, 66-81.

Subban, P. et Sharma, U. (2005). Understanding educator attitudes toward the implementation of inclusive education. *Disability Studies Quarterly, 25*, http://dsq-sds.org.

Sun, C. M. (2007). The impact of inclusion-based education on the likelihood of independence for today's students with special needs. *Journal of Special Education Leadership, 20*, 84-92.

Sze, S. (2009). A literature review : Pre-service teachers' attitudes toward students with disabilities. *Education, 130*, 53-56.

Taylor, S. V., et Sobel, D. M. (2001). Addressing the discontinuity of students' and teachers' diversity : a preliminary study of preservice teachers' beliefs and perceived skills. *Teaching and Teacher Education, 17*, 1-17.

Département de l'éducation des États-Unis, Office of Special Education and Rehabilitative Services (Bureau de l'éducation spéciale et des services de réadaptation). (2006). OSEP IDEA, part B data collection history. Washington, DC : Auteur.

Van Der Roest, D, Kleiner, K., & Kleiner, B. (2011). Self-Efficacy : La biologie de la confiance. *Culture & Religion Review Journal, 1*, 26-35.

Viel-Ruma, K., Houchins, D., Jolivette, K. et Benson, G. (2010). Efficacy beliefs of special educators : The relationships among collective efficacy, teacher selfefficacy, and job satisfaction. *Teacher Education and Special Education, 33*, 225233.

Villa, R., Thousand, J., Meyers, H. et Nevin, A. (1996). Teacher and administrator perceptions of heterogeneous education. *Exceptional Children, 63*, 29-45.

Waldron, N., McLeskey, J. et Pacchiano, D. (1999). Giving teachers a voice : Teacher's perspectives regarding elementary inclusive school programs (ISPs). *Teacher Education and Special Education, 22*, 141-153.

Webb, N. (2004). Inclusion of students with disabilities : a survey of teachers attitudes toward inclusion education. (Thèse de doctorat, Walden University, 2004). *Dissertation Abstracts International, 66*, 2143.

Wing, L. (1997). The autistic spectrum. *Lancet, 350*, 17-61.

Wing, L. et Gould, J. (1979). Graves déficiences de l'interaction sociale et anomalies associées chez les enfants : Epidemiology and classification. *Journal of Autism and Developmental Disorders, 9,* 11-29.

Wolery, M., Anthony, L., Snyder, E. D., Werts, M. G. et Katzenmeyer, J. (1997). Effective instructional practices in inclusive classrooms. *Education and Treatment of Children, 20,* 50-58.

Yianni-Courdurier, C., Darrou, C., Lenoir, P. Verrecchia, B., Assouline, B., Ledesert, B., Michelon, C., Pry, R., Aussilloux, C., & Baghdadli, A. (2008). Quelles sont les caractéristiques cliniques des enfants autistes qui influencent leur inclusion dans les classes ordinaires ? *Journal of Intellectual Disability Research, 52,* 855-863.

I want morebooks!

Buy your books fast and straightforward online - at one of world's fastest growing online book stores! Environmentally sound due to Print-on-Demand technologies.

Buy your books online at
www.morebooks.shop

Achetez vos livres en ligne, vite et bien, sur l'une des librairies en ligne les plus performantes au monde!
En protégeant nos ressources et notre environnement grâce à l'impression à la demande.

La librairie en ligne pour acheter plus vite
www.morebooks.shop

 info@omniscriptum.com
www.omniscriptum.com

www.ingramcontent.com/pod-product-compliance
Ingram Content Group UK Ltd.
Pitfield, Milton Keynes, MK11 3LW, UK
UKHW041935131224
452403UK00001B/154